D1664802

Stefan Vogt

Fehleranalyse handelsrechtlicher Jahresabschlüsse

Eine empirische Erhebung

Bachelor + Master
Publishing

Vogt, Stefan: Fehleranalyse handelsrechtlicher Jahresabschlüsse: Eine empirische Erhebung, Hamburg, Diplomica Verlag GmbH 2012
Originaltitel der Abschlussarbeit: Fehler in HGB-Jahresabschlüssen mittelständischer Unternehmen · Eine empirische Erhebung

ISBN: 978-3-86341-185-5
Druck: Bachelor + Master Publishing, ein Imprint der Diplomica® Verlag GmbH, Hamburg, 2012
Zugl. Friedrich-Alexander-Universität Erlangen-Nürnberg, Erlangen, Deutschland, Bachelorarbeit, 2009

Bibliografische Information der Deutschen Nationalbibliothek:
Die Deutsche Nationalbibliothek verzeichnet diese Publikation in der Deutschen Nationalbibliografie;
detaillierte bibliografische Daten sind im Internet über http://dnb.d-nb.de abrufbar.

Die digitale Ausgabe (eBook-Ausgabe) dieses Titels trägt die ISBN 978-3-86341-685-0 und kann über den Handel oder den Verlag bezogen werden.

INHALTSVERZEICHNIS

ABKÜRZUNGSVERZEICHNIS

Abb.	Abbildung
ABl. EG	Amtsblatt der Europäischen Gemeinschaft
Abs.	Absatz
AG	Aktiengesellschaft
BaFin	Bundesanstalt für Finanzdienstleistungsaufsicht
BB	Betriebs-Berater (Zeitschrift)
BFuP	Betriebswirtschaftliche Forschung und Praxis
BiRiLiG	Bilanzrichtlinien-Gesetz
bzw.	beziehungsweise
DB	Der Betrieb (Zeitschrift)
DRS	Deutsche Rechnungslegung Standards
EHUG	Gesetz über elektronische Handelsregister und Genossenschafts-register sowie das Unternehmensregister
FSA	Financial Services Authority
GdbR	Gesellschaft des bürgerlichen Rechts
GmbH	Gesellschaft mit beschränkter Haftung
GmbHG	Gesetz betreffend die Gesellschaft mit beschränkter Haftung
GuV	Gewinn- und Verlustrechnung
HFA	Hauptfachausschuss des Instituts der Wirtschaftsprüfer in Deutschland e.V.
HGB	Handelsgesetzbuch
Hrsg.	Herausgeber/-in
Hs.	Halbsatz
IAS	International Accounting Standards
IDW	Institut der Wirtschaftsprüfer in Deutschland e.V.
IDW PS	IDW Prüfungsstandard
IDW RS HFA	IDW Rechnungslegungsstandard (Fachausschuss, Nummer)
IfM	Institut für Mittelstandsforschung, Bonn
IFRS	International Financial Reporting Standards
KG	Kommanditgesellschaft
KGaA	Kommanditgesellschaft auf Aktien

KMU	Kleine und mittlere Unternehmen
Mio.	Million(en)
Nr.	Nummer
OHG	Offene Handelsgesellschaft
Rz.	Randziffer
S.	Seite
US-GAAP	United States Generally Accepted Accounting Principles
Vgl.	vergleiche
WPg	Die Wirtschaftsprüfung (Zeitschrift)
WP-Handbuch	Wirtschaftsprüfer-Handbuch

1. Einleitung

1.1 Problemstellung und Zielsetzung

Kapitalgesellschaften werden bei der Jahresabschlusserstellung regelmäßig durch mehrere Instanzen hinsichtlich der regelkonformen Anwendung der Rechnungslegungsvorschriften überwacht.[1] Nach der Abschlusserstellung erfolgen gegebenenfalls interne Kontrollen, bevor ein unabhängiger Abschlussprüfer tätig wird. Für kapitalmarktorientierte Unternehmen folgt der zweistufige Enforcementmechanismus. Die Deutsche Prüfstelle für Rechnungslegung, sowie auf zweiter Ebene, die Bundesanstalt für Finanzdienstleistungsaufsicht untersuchen den Jahresabschluss.[2]

Dabei stellte die Deutsche Prüfstelle für Rechnungslegung im Jahr 2008 unter 138 untersuchten Jahresabschlüssen nach International Financial Reporting Standards kapitalmarktorientierter Unternehmen eine Fehlerquote von 27 % fest.[3]

Mittelständische Kapitalgesellschaften und insbesondere, die im Mittelstand stark vertretene Gesellschaft mit beschränkter Haftung[4], sind meist nicht kapitalmarktorientiert. Aus diesem Grund erstellen sie handelsrechtliche Jahresabschlüsse und werden von dem Enforcementmechanismus nicht erfasst.

Deshalb versucht die vorliegende Untersuchung die folgende Frage zu beantworten. Entsprechen die handelsrechtlichen Jahresabschlüsse mittelständischer Unternehmen den an sie gestellten Anforderungen bzw. inwiefern sind Fehler oder unzureichende Angaben festzustellen?

1.2 Gang der Untersuchung

Zur Beantwortung der Frage, ob die handelsrechtlichen Jahresabschlüsse mittelständischer Unternehmen den an sie gestellten Anforderungen entsprechen bzw. inwiefern Fehler oder unzureichende Angaben festzustellen sind, wurden folgende Schritte gewählt. Zu Beginn der Untersuchung wird geklärt was unter dem Begriff „Fehler" im weiteren Verlauf zu verstehen ist und wie die Untersuchung mittel-

---

[1] Vgl. Keßler, Marco/Küting, Karlheinz/Metz, Christian/Weber, Claus-Peter: Fehlerbegriff, DB 2007, S. 2.
[2] Vgl. Frach, Lotte: Finanzaufsicht 2008, S. 78.
[3] Vgl. Deutsche Prüfstelle für Rechnungslegung (Hrsg.): Tätigkeitsbericht.
[4] Vgl. Abbildung 5, S. 9.

ständische Unternehmen abgrenzt. Anschließend werden die von den Unternehmen zu beachtenden handelsrechtlichen Vorschriften vorgestellt. Der empirische Kern der Untersuchung beginnt mit der Erläuterung der Methodik mit welcher die Jahresabschlüsse untersucht wurden. Weiterhin stellt der empirische Kern die Untersuchungsergebnisse grafisch und verbal dar und fasst die wesentlichen Erkenntnisse zusammen. Die Untersuchung schließt mit einem Fazit.

2. Abgrenzung handelsrechtlicher Grundlagen und empirische Untersuchung

2.1 Abgrenzung handelsrechtlicher Grundlagen

2.1.1 Abgrenzung des Fehlerbegriffs

2.1.1.1 Unregelmäßigkeiten

Zur Abgrenzung des Begriffs „Fehler" wird im Folgenden auf die im Prüfungsstandard 210 „Zur Aufdeckung von Unregelmäßigkeiten im Rahmen der Abschlussprüfung" des Institut der Wirtschaftsprüfer in Deutschland e.V. dargestellten Begriffe „Unregelmäßigkeiten", „Unrichtigkeiten", „Verstöße" und „sonstige Gesetzesverstöße" eingegangen. Dies ist notwendig, um den sehr weiten Begriff „Fehler", der in der Problemstellung Anwendung findet, eine inhaltliche Konkretisierung zu geben.

„Unregelmäßigkeiten" im Sinne des IDW Prüfungsstandard 210 „Zur Aufdeckung von Unregelmäßigkeiten im Rahmen der Abschlussprüfung" ist der Oberbegriff für die im weiteren Verlauf abzugrenzenden Begriffe „Unrichtigkeiten", „Verstöße" und „sonstige Gesetzesverstöße".

2.1.1.1.1 Unrichtigkeiten

„Unrichtigkeiten" sind „Unregelmäßigkeiten", welche auf unbeabsichtigte falsche Angaben im Jahresabschluss und Lagebericht zurückzuführen sind. Unbeabsichtigte falsche Angaben sind insbesondere Schreib- oder Rechenfehler in der Buchführung oder deren Grundlage, eine nicht bewusst falsche Anwendung der Rechnungslegungsgrundsätze oder ein Übersehen bzw. eine unzutreffende Einschätzung von Sachverhalten.[5] Zudem sind unter „Unrichtigkeiten" die Auswirkungen von unbeabsichtigten Nichteinhaltungen von sonstigen Gesetzen, die nicht rechnungslegungsbezogene sind zu verstehen, wenn eine Nichteinhaltung von diesen sonstigen Gesetzen die Rechnungslegung berührt.[6]

2.1.1.1.2 Verstöße

„Verstöße" hingegen sind „Unregelmäßigkeiten", die sich auf beabsichtigte falsche Angaben im Jahresabschluss und Lagebericht zurückführen lassen. Somit muss ein

---

[5] Vgl. IDW: IDW PS 210, WPg 2006, S. 1423.
[6] Vgl. IDW: IDW PS 210, WPg 2006, S. 1423.

beabsichtigter Verstoß gegen eine gesetzliche Vorschrift oder einen Rechnungs-legungsgrundsatz zugrunde liegen. Weiterhin ist unter dem Begriff „Verstöße" zwischen „Täuschungen" und „Vermögensschädigungen" zu differenzieren. „Täuschungen sind bewusst falsche Angaben im Abschluss und ggf. Lagebericht sowie Fälschungen in der Buchführung oder deren Grundlagen, Manipulationen (...), unerlaubte Änderungen der Buchführung und deren Grundlagen sowie die bewusst falsche Anwendung von Rechnungslegungsgrundsätzen."[7] „Vermögensschädigungen sind alle auf die widerrechtliche Aneignung oder Verminderung von Gesellschafts-vermögen gerichtete Handlungen (...), sofern sie nicht richtig in der Rechnungslegung abgebildet sind (...)"[8].

2.1.1.1.3 Sonstige Gesetzesverstöße

„Sonstige Gesetzesverstöße" sind „Unregelmäßigkeiten", die beabsichtige und unbeabsichtigte Handlungen, aber auch Unterlassungen von gesetzlichen Vertretern oder Mitarbeitern der Gesellschaft, die Gesetzen, der Satzung oder dem Gesellschafter-vertrag widersprechen, nicht aber zu falschen Angaben in der Rechnungslegung führen.[9]

2.1.1.2 Abgrenzung des Begriffs Fehler in der vorliegenden Untersuchung

Die vorliegende Untersuchung analysiert ob die Anforderungen an handelsrechtliche Jahresabschlüsse im Rahmen der Rechnungslegung erfüllt werden. Somit sind „sonstige Gesetzesverstöße" für eine inhaltliche Konkretisierung des Begriffs „Fehler" auszu-schließen, da diese nicht zu falschen Angaben in der Rechnungslegung führen. In dieser Untersuchung sind folglich unter „Fehlern" falsche Angaben in Jahresabschluss und Lagebericht zu verstehen, die auf „Unrichtigkeiten" oder „Verstöße" zurückzuführen sind. Eine Angabe ist dann fehlerhaft, wenn mindestens eine in ihr enthaltene Aussage unrichtig ist.[10] Die konkrete Zuordnung einer fehlerhaften Angabe zu den Begriffen „Unrichtigkeiten" oder „Verstöße" wird nicht vorgenommen, da die Absichtsfrage kaum geklärt werden kann und auch nicht Ziel der Untersuchung ist.

---

[7] IDW: IDW PS 210, WPg 2006, S. 1424.
[8] IDW: IDW PS 210, WPg 2006, S. 1424.
[9] Vgl. IDW: IDW PS 210, WPg 2006, S. 1424.
[10] Vgl. IDW: IDW PS 300, WPg 2006, S. 1446.

2.1.2 Abgrenzung und Definition mittelständischer Unternehmen

2.1.2.1 Quantitative Abgrenzungskriterien

Hinsichtlich der Abgrenzung und Definition mittelständischer Unternehmen hat sich in Wissenschaft und Praxis noch kein einheitlicher Bezugsrahmen herausgebildet. So werden je nach konkreter Fragestellung quantitative oder qualitative Kriterien herangezogen, um Unternehmen zu klassifizieren. Im Folgenden sollen häufig verwandte quantitative und qualitative Kriterien dargestellt und kritisch beleuchtet werden. Im Anschluss kann auf Basis der gewonnenen Erkenntnisse ein für die vorliegende Untersuchung geeigneter Bezugsrahmen zur Abgrenzung mittelständischer Unternehmen geschaffen werden.

Quantitative Systematisierungen versuchen Unternehmen mittels Größengrenzen in Kategorien wie klein, mittel und groß einzuteilen. Dabei werden unter „Mittelstand" meist Unternehmen der Kategorie klein und mittel subsumiert. Die Einteilung erfolgt bei Systematisierungen wie sie bei der Europäischen Union, dem § 267 HGB oder durch das Institut für Mittelstandsforschung verwandt werden anhand der Beschäftigtenzahl, des Umsatzes und der Bilanzsumme. Die Kommission der Europäischen Union hat am 6. Mai 2003 eine Empfehlung zur Definition von Kleinstunternehmen und kleiner und mittlerer Unternehmen veröffentlicht, in der die Größengrenzen aus Abbildung 1 festgelegt wurden.

Unternehmensgröße	Beschäftigte	Umsatz	Bilanzsumme
Kleinstunternehmen	0 bis 49	bis 2 Mio. €	bis 2 Mio. €
Kleinunternehmen	10 bis 49	bis 10 Mio. €	bis 10 Mio. €
Mittleres Unternehmen	50 bis 249	bis 50 Mio. €	bis 50 Mio. €

Abb. 1: Größengrenzen der EU-Kommission[11]

Somit setzt sich die Größenklasse der Kleinstunternehmen sowie der kleinen und mittleren Unternehmen aus Unternehmen zusammen, die weniger als 250 Arbeitnehmer beschäftigen und einen Umsatz von höchstens 50 Millionen Euro erzielen oder deren Bilanzsumme höchstens 43 Millionen Euro beträgt.[12] Dahingegen legt das Handelsgesetzbuch im § 267 HGB für kleine, mittelgroße und große Kapitalgesellschaften die aus Abbildung 2 ersichtlichen Größengrenzen fest.

---

[11] Vgl. Europäische Kommission: Empfehlung 2003/361/EG, ABl. EG 2003, S. 39.
[12] Vgl. Europäische Kommission: Empfehlung 2003/361/EG, ABl. EG 2003, S. 39.

Unternehmensgröße	Beschäftigte	Umsatz	Bilanzsumme
klein	bis 50	bis 8 030 000 €	bis 4 015 000 €
mittelgroß	50 bis 250	8 030 000 bis 32 120 000 €	4 015 000 bis 16 060 000 €
groß	mehr als 250	mehr als 32 120 000 €	mehr als 16 060 000 €

Abb. 2: Größengrenzen für Kapitalgesellschaften des § 267 HGB

Das Institut für Mittelstandsforschung legt wiederum andere Größengrenzen fest und orientiert sich an zwei Kriterien. Dabei legt es für kleine, mittlere und große Unternehmen für die Anzahl der Beschäftigten und den Umsatz die aus Abbildung 3 ersichtlichen Werte fest.

Unternehmensgröße	Beschäftigte	Umsatz
klein	bis 9	bis unter 1 Mio. €
mittel	10 bis 499	1 bis unter 50 Mio. €
groß	500 und mehr	50 Mio. € und mehr

Abb. 3: Größengrenzen des Instituts für Mittelstandsforschung[13]

Alle drei vorgestellten quantitativen Systematisierungen verfolgen unterschiedliche Ziele und legen deshalb auch unterschiedliche Größengrenzen fest. Dennoch ist unklar wie die jeweiligen Größengrenzen begründet sind. Sicher ist jedenfalls, dass sie keine Aussage über die Charakteristik der Unternehmen erlauben, und die Begriffe „Mittelstand und „kleine und mittlere Unternehmen" nicht synonym zu verwenden sind. Damit das Wesen des Mittelstandes erfasst werden kann bedarf es anderer Kriterien, die in der folgenden Ausführung vorzustellenden qualitativen Kriterien.

2.1.2.2 Qualitative Abgrenzungskriterien

Mittelständische Unternehmen lassen sich mit Hilfe qualitativer Kriterien treffender beschreiben, als durch die bloße Eingrenzung auf bestimmte Größenklassen, denn die Zuordnung zu einer Größenklasse sagt nichts über das Wesen bzw. die Charakteristik eines Unternehmens aus. Da eine Vielzahl von qualitativen Kriterien in der Literatur verwandt wird kann an dieser Stelle nur eine Auswahl vorgestellt werden. Als starkes Kriterium ist die Einheit von Unternehmensleitung und Kapitalbesitz zu nennen.[14] Schwächer fundiert hingegen ist, dass mittelständische Unternehmen durch eine Unternehmerpersönlichkeit geprägt sind, in ihren Finanzierungsmöglichkeiten beschränkt

---

[13] Vgl. Institut für Mittelstandsforschung (Hrsg.): KMU-Definition.
[14] Vgl. Kosmider, Andreas: Controlling im Mittelstand 1991, S. 31.

8

sind, und die Organisationsstruktur überschaubar ist.[15] Das Kriterium der Einheit von Geschäftsleitung und Kapitalbesitz findet seine Konkretisierung in der Definition der Eigentümer- bzw. Familienunternehmen des Instituts für Mittelstandsforschung. Eigentümerführung wird demnach unabhängig von Rechtsform und Größe angenommen, wenn zwei oder weniger natürliche Personen oder deren Familienangehörige wenigstens 50 % der Anteile des Unternehmens halten und diese natürlichen Personen Mitglied der Geschäftsführung sind.[16] Obwohl das Institut für Mittelstandsforschung versucht qualitative Kriterien zu konkretisieren bleibt die Mehrzahl der angeführten Kriterien wenig konkret und lassen Interpretationsspielräume offen. Weiterhin muss festgehalten werden, dass qualitative Kriterien nur sehr schwer statistisch zu erfassen sind und insbesondere bei empirischen Untersuchungen quantitative Kriterien vorzuziehen sind. Denn im Rahmen empirischer Erhebungen oder Rechtsanwendungen sind verlässlicher Daten und nachvollziehbarer Quantifizierung und somit eine Orientierung an festen Grenzmarken unabdingbar.[17]

2.1.2.3 Grundrahmen zur Klassifizierung der vorliegenden Untersuchung

Dennoch führen die oben genannten qualitativen Kriterien dazu, dass für die vorliegende Untersuchung weit mehr Unternehmen als mittelständisch zu betrachten sind, als dies durch alleinige Verwendung der vorgestellten quantitativen Systematisierungen und somit auf die Einschränkung auf kleine und mittlere Unternehmen der Fall wäre. Aus diesem Grund wird für diese empirische Untersuchung eine modifizierte quantitative Systematisierung vorgenommen. Diese ist in Abbildung 4 dargestellt und teilt unabhängig von Rechtsform und Branchenzugehörigkeit Unternehmen in drei Größenklassen ein und ermöglicht so eine Abgrenzung mittelständischer Unternehmen von Kleinstunternehmen und Großunternehmen.

Unternehmensgröße	Beschäftigte	Umsatz	Bilanzsumme
Kleinstunternehmen	0 bis 49	weniger als 8 Mio. €	weniger als 4 Mio. €
mittelständisches Unternehmen	50 bis 500	8 bis 500 Mio. €	4 bis 250 Mio. €
Großunternehmen	mehr als 500	mehr als 500 Mio. €	mehr als 250 Mio. €

Abb. 4: Größengrenzen dieser Untersuchung

---

[15] Vgl. Kosmider, Andreas: Controlling im Mittelstand 1991, S. 32.
[16] Vgl. Institut für Mittelstandsforschung (Hrsg.): Familienunternehmen.
[17] Vgl. Lüdenbach, Norbert/Hoffmann, Wolf-Dieter: IFRS für den Mittelstand?, BFuP 2004, S. 598.

In der vorliegenden Untersuchung wird ein Unternehmen als mittelständisch kategorisiert wenn es zum Zeitpunkt der Untersuchung mindestens zwei der Größenmerkmale der Unternehmensgröße mittelständisches Unternehmen aus Abbildung 4 erfüllt.

2.1.3 Jahresabschlussbegriff und Systematisierung der Vorschriften zum handelsrechtlichen Jahresabschluss

2.1.3.1 Jahresabschlussbegriff

Der Begriff „Jahresabschluss" als zentraler Untersuchungsgegenstand ist der nächste und zugleich der letzte für die vorliegende Untersuchung abzugrenzende Begriff.

Das 3. Buch des HGB verpflichtet im ersten Abschnitt, in dem die Vorschriften für alle Kaufleute geregelt sind, Kaufleute zur Führung von Büchern.[18] Dies geschieht im Interesse der Information des Kaufmanns über seine eigenen Vermögensverhältnisse und im Interesse des Gläubigerschutzes. Das Handelsgesetzbuch regelt auch wer als Kaufmann zu betrachten ist. Demnach ist nach § 1 Abs. 1 HGB Kaufmann, wer ein Handelsgewerbe betreibt. Die in dieser Untersuchung besondere Beachtung findende Gesellschaft mit beschränkter Haftung erfährt wie auch alle anderen Kapital-gesellschaften die Zuordnung zu den Kaufleuten kraft Gesetz. Denn die Gesellschaft mit beschränkter Haftung betreibt als Formkaufmann gemäß § 13 Abs. 3 GmbHG kraft Gesetz ein Handelsgewerbe im Sinne des § 6 Abs. 2 HGB. Weiterhin ist ein Kaufmann verpflichtet zu Beginn seines Handelsgewerbes und am Schluss eines jeden Geschäfts-jahres „seine Grundstücke, seine Forderungen und Schulden, den Betrag seines baren Geldes sowie seine sonstigen Vermögensgegenstände genau zu verzeichnen und dabei den Wert der einzelnen Vermögensgegenstände und Schulden anzugeben."[19] Dieses Verzeichnis nennt man Inventar.

Aus den beiden vorgenannten Elementen Buchführung und Inventar wird nun der handelsrechtliche Jahresabschluss für alle Kaufleute gemäß § 242 Abs. 3 HGB mit seinen beiden Bestandteilen Bilanz sowie Gewinn- und Verlustrechnung abgeleitet. Die Gesellschaft mit beschränkter Haftung hat als Kapitalgesellschaft gemäß § 264 Abs. 1 HGB den Jahresabschluss für alle Kaufleute nach § 242 Abs. 3 HGB um einen Anhang

---

[18] Vgl. § 238 Abs. 1 S. 1 HGB.
[19] § 240 Abs. 1 HGB.

zu erweitern. Somit bildet der Jahresabschluss für die GmbH begrifflich eine Einheit aus Bilanz, Gewinn- und Verlustrechnung sowie Anhang.

Für die vorliegende Untersuchung wird jedoch ein etwas weiterer Jahres-abschlussbegriff gespannt, der im weiteren Verlauf Verwendung findet. So wird der in § 264 Abs. 1 S. 1 Hs. 1 HGB genannte Begriff „Jahresabschluss" mit seinen Bestandteilen Bilanz, Gewinn- und Verlustrechnung sowie Anhang um den Lagebericht erweitert. Schließlich ist die Gesellschaft mit beschränkter Haftung als Kapital-gesellschaft zur Aufstellung eines Lageberichtes nach § 264 Abs. 1 S. 1 Hs. 2 HGB verpflichtet. Diese Erweiterung findet allerdings auf rein begrifflicher Ebene statt, denn seiner Konzeption nach steht der Lagebericht eigenständig neben dem Jahres-abschluss.[20] Zwischen Jahres- und Konzernabschlüssen wird nicht differenziert.

2.1.3.2 Systematisierung der Vorschriften zum handelsrechtlichen Jahresabschluss

Nachdem nun fest steht welche Bestandteile der Jahresabschlussbegriff dieser Unter-suchung umfasst, soll geklärt werden nach welchen Vorschriften der Jahresabschluss aufzustellen ist, ob er geprüft werden muss, und in welcher Form er offengelegt werden muss.

Um festzustellen welche Vorschriften betreffend die oben genannten drei Punkte Aufstellung, Prüfung und Offenlegung für ein Unternehmen zu beachten sind muss differenziert werden. Zum Schutz der Gläubiger werden Kapitalgesellschaften, aber auch Personenhandelsgesellschaften ohne natürliche Person als Vollhafter mehr und strengeren Vorschriften unterworfen als Personenhandelsgesellschaften mit einer natürlichen Person als Vollhafter.[21] Zudem werden großen Personenhandels-gesellschaften, Genossenschaften und vor allem Kapitalgesellschaften zusätzliche Vorschriften auferlegt, weil diese die Interessen der Allgemeinheit stärker berühren. Auch die Besonderheiten einzelner Branchen wie Kreditinstitute oder Versicherungs-unternehmen finden ihre Berücksichtigung in der Rechnungslegung.

Um die relevanten Vorschriften für Aufstellung, Prüfung und Offenlegung zu ermitteln, ist also nach Rechtsform, Größe und Branche zu differenzieren. Da sich diese empirische Untersuchung mit Fehlern in HGB-Jahresabschlüssen mittelständischer

---

[20] Vgl. Baetge, Jörg/Kirsch, Hans-Jürgen/Thiele, Stefan: Bilanzen 2007, S. 34.
[21] Vgl. Baetge, Jörg/Kirsch, Hans-Jürgen/Thiele, Stefan: Bilanzen 2007, S. 34.

Unternehmen auseinandersetzt und die Gesellschaft mit beschränkter Haftung mit 44,2 % als Rechtsform bei mittelständischen Unternehmen stark vertreten ist konzentrieren sich die weiteren Ausführungen zu den handelsrechtlichen Grundlagen auf die für Kapitalgesellschaften relevanten Vorschriften. Die Bedeutung der GmbH als Rechtsform verdeutlicht Abbildung 5. Sie zeigt den Anteil der jeweiligen Rechtformen an der Gesamtheit der Unternehmen, die auf Basis der Umsatzsteuerstatistik 2007[22] das Umsatzkriterium der KMU-Definition der EU-Kommission[23] erfüllen, und somit 2007 einen Jahresumsatz zwischen 2 Millionen Euro und 50 Millionen Euro erzielten.

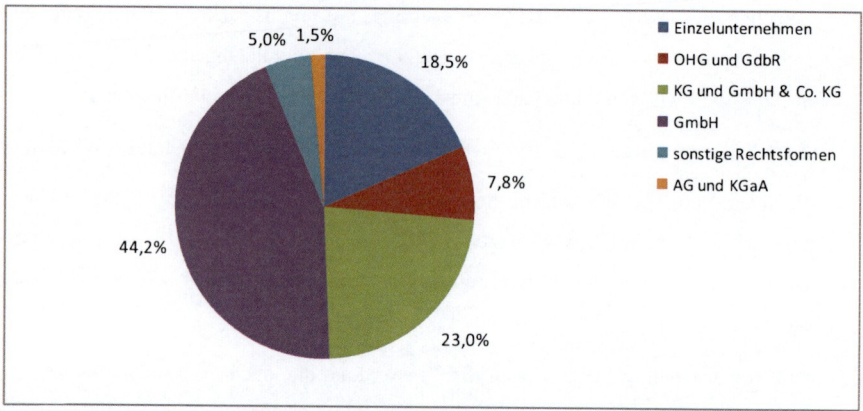

Abb. 5: Kleine und mittlere Unternehmen nach Rechtsformen

Weiterhin konzentrieren sich die weiteren Ausführungen zu den handelsrechtlichen Grundlagen auf die für mittelgroße und große Kapitalgesellschaften gemäß § 267 Abs. 2 und Abs. 3 HGB relevanten Vorschriften des Handelsrechts, um der für diese Untersuchung bestimmten Abgrenzung mittelständischer Unternehmen gerecht zu werden. Denn die Abgrenzung mittelständische Unternehmen in Gliederungspunkt 2.1.2.3 grenzt nach unten die Kleinstunternehmen mit bis zu 49 Beschäftigten, bis zu 8 Mio. Euro Umsatz und einer Bilanzsumme bis zu 4 Mio. Euro von der Gruppe der mittelständischen Unternehmen ab. Das Handelsrecht grenzt passend dazu in § 267 Abs. 1 HGB kleine Kapitalgesellschaften mit weniger als 50 Beschäftigten, weniger als 8 030 000 Euro Umsatz und weniger als 4 015 000 Euro Bilanzsumme von den mittelgroßen und großen Kapitalgesellschaften ab. Somit ergibt sich sowohl für die Abgrenzung der

---

[22] Vgl. Statistisches Bundesamt (Hrsg.): Umsatzsteuer.
[23] Vgl. Abbildung 1, S. 4.

handelsrechtlichen Grundlagen, als auch für die empirische Untersuchung eine geeignete Abgrenzung.

Nachdem Rechtsform und Größe der zu untersuchenden Unternehmen feststeht kann festgehalten werden, dass die gesetzlichen Vertreter mittelgroßer und großer Gesellschaften mit beschränkter Haftung nach § 264 Abs. 1 HGB zur Aufstellung von Bilanz, Gewinn- und Verlustrechnung, Anhang und Lagebericht verpflichtet sind. Jahresabschluss und Lagebericht unterliegen der Prüfungspflicht nach § 316 Abs. 1 HGB. Gemäß § 325 Abs. 1 HGB ist der Jahresabschluss offenzulegen.

2.1.4 Offenlegungspflichten

Im Rahmen der Offenlegungspflicht gemäß § 325 Abs. 1 HGB müssen mittelgroße und große Kapitalgesellschaften Jahresabschluss, Lagebericht, Vorschlag und Beschluss zur Gewinnverwendung, Bestätigungsvermerk und Bericht des Aufsichtsrats offenlegen, dies hat sich auch mit Inkrafttreten des Gesetzes über das elektronische Handelsregister und Genossenschaftsregister sowie Unternehmensregister am 01.01.2007 nicht geändert.[24] Änderungen ergaben sich allerdings bei der Sanktionierung der Nicht Offenlegung und der gespaltenen Publizität. Nun müssen nun die Unterlagen in der für die Aufstellung vorgeschriebenen Form, sowohl von großen, als auch von mittelgroßen Gesellschaften beim elektronischen Bundesanzeiger eingereicht werden. Für mittel-große Gesellschaften ergeben sich hiervon jedoch Erleichterung aus § 327 Nr. 1 und 2 für Bilanz und Anhang. Die Unterlagen sind nach § 325 Abs. 1 S. 2 HGB unverzüglich nach Vorlage an die Gesellschafter oder spätestens vor Ende des zwölften Monats nach Abschlussstichtag einzureichen. Der zweite Absatz des § 325 HGB schreibt nach der Einreichung die unverzügliche Bekanntmachung der Unterlagen im elektronischen Bundanzeiger vor.[25]

Da, wie soeben beschrieben, die Unterlagen in der für die Aufstellung vorgeschriebenen Form offengelegt werden müssen, folgt nun die Darstellung der Vorschriften zur Aufstellung, gegliedert nach den Jahresabschlussbestandteilen Bilanz, Gewinn- und Verlustrechnung, Anhang und Lagebericht.

---

[24] Vgl. Henselmann, Klaus/Kaya, Devrimi: Empirische Analyse, WPg 2009, S. 497.
[25] Vgl. Henselmann, Klaus/Kaya, Devrimi: Empirische Analyse, WPg 2009, S. 498.

2.1.5 Vorschriften zur handelsrechtlichen Bilanz

2.1.5.1 Bilanzansatz

Die Vorschriften zum Bilanzansatz regeln, ob ein Vermögensgegenstand oder eine Schuld geeignet ist in die Bilanz aufgenommen zu werden. Also ob sie die abstrakte Bilanzierungsfähigkeit besitzen. Mit welchem Betrag der Vermögensgegenstand oder die Schuld in die Bilanz aufgenommen wird regeln die in Gliederungspunkt 2.1.5.2 zu erläuternden Bewertungsvorschriften und wie die einzelnen Posten darzustellen sind wird in Gliederungspunkt 2.1.5.3 aufgezeigt.

Ist ein Vermögensgegenstand oder eine Schuld bilanzierungsfähig, so ist er grundsätzlich verpflichtend zu bilanzieren. Eine Ausnahme von diesem Grundsatz stellen die Bilanzierungsverbote dar, einen Ermessensspielraum bei der Bilanzierungspflicht räumen die Bilanzierungswahlrechte ein.[26] Weiterhin bestehen im Handelsrecht Bilanzierungshilfen, die ein Wahlrecht einräumen, obwohl ein nicht bilanzierungsfähiger Tatbestand vorliegt. Sämtliche Vermögensgegenstände, Schulden und Rechnungsabgrenzungsposten müssen gemäß § 246 Abs. 1 HGB enthalten sein, außer es ist etwas anderes gesetzlich bestimmt. Es müssten also Bilanzierungswahlrechte oder Bilanzierungsverbote entgegenstehen. Bilanzierungspflicht herrscht im Gegenzug, wenn die Charakteristika von Vermögensgegenständen, Schulden oder Rechnungsabgrenzungsposten vorliegen.

Die Eigenschaften von Rechnungsabgrenzungsposten sind in § 250 HGB geregelt. Demnach sind hierunter Ausgaben vor dem Abschlussstichtag, die Aufwand für eine bestimmte Zeit nach diesem Stichtag bzw. Einnahmen, die Erträge für eine bestimmte Zeit nach diesem Stichtag darstellen zu erfassen.

Was hingegen Vermögensgegenstände und Schulden sind ist im Gesetz nicht definiert und muss deshalb aus der Rechtsprechung und den Grundsätzen ordnungsmäßiger Buchführung abgeleitet werden. Somit ist es auch nicht verwunderlich, dass diesbezüglich im handelsrechtlichen Schrifttum die Ansichten auseinandergehen. Diese Untersuchung stützt sich auf die Auffassung, dass die abstrakte Aktivierungsfähigkeit, also Vermögensgegenstände vorliegen, wenn der Gegenstand selbständig verwertbar ist. Dies liegt vor, wenn ein Gut durch Veräußerung, Einräumung von Nutzungsrechten,

---

[26] Vgl. Gräfer, Horst: Jahresabschluß der GmbH 1986, S. 48 – 49.

bedingten Verzicht oder im Wege der Zwangsvollstreckung in Geld transformiert werden kann.[27]

Weiterhin stützt sich diese Untersuchung auf die Auffassung, dass die abstrakte Passivierungsfähigkeit vorliegt, wenn eine Verpflichtung des bilanzierenden Unternehmens vorliegt, mit der eine quantifizierbare wirtschaftliche Belastung verbunden ist.[28]

Die oben bereits genannten Bilanzierungsverbote liegen generell vor, wenn die Aktivierungs- bzw. Passivierungsfähigkeit nicht erfüllt ist. Dies ist insbesondere bei den in § 248 HGB genannten Aktivierungsverboten der Fall. So dürfen gemäß § 248 Abs. 1 HGB Aufwendungen für die Gründung eines Unternehmens und die Beschaffung des Eigenkapitals, gemäß § 248 Abs. 2 HGB Aufwendung für selbst hergestellte immaterielle Vermögensgegenstände des Anlagevermögens und gemäß § 248 Abs. 3 HGB Aufwendungen für den Abschluss von Versicherungsverträgen nicht aktiviert werden. Ein konkretes Passivierungsverbot bestimmt § 249 Abs. 3 für alle übrigen Rückstellungszwecke und -arten, die nicht bereits in § 249 Abs. 1 und Abs. 2 HGB genannt sind. Diese Einschränkungen der Aktivierungs- und Passivierungsfähigkeit lassen sich durch Vorsichtsüberlegungen, aber auch durch Gläubigerschutzüberlegungen rechtfertigen.

Bilanzierungswahlrechte und Bilanzierungshilfen stellen Ansatzgebote oder Ansatzwahlrechte dar, die keine Vermögensgegenstände oder Schulden im Sinne der abstrakten Aktivierungs- und Passivierungsfähigkeit sind. Aufwendungen für Ingangsetzung und Erweiterung des Geschäftsbetriebs gemäß § 269 HGB, aktive latente Steuern gemäß § 274 Abs. 2 HGB, entgeltlich erworbener Geschäfts- oder Firmenwert gemäß § 255 Abs. 4 HGB, aktiver Rechnungsabgrenzungsposten gemäß § 250 Abs. 1 S. 1 HGB, als Aufwand berücksichtigte Zölle und Verbrauchsteuern gemäß § 250 Abs. 1 S. 2 Nr. 1 HGB, als Aufwand berücksichtigte Umsatzsteuer gemäß § 250 Abs. 1 S. 2 Nr. 1 HGB und Disagio bzw. Damnum gemäß § 250 Abs. 3 HGB betreffen hierbei die Aktivseite der Bilanz. Die Passivseite der Bilanz betreffen unterlasse Instandhaltungen, die nach drei Monaten, aber innerhalb eines Jahres nachgeholt werden, gemäß § 249 Abs. 1 S. 3 HGB, besondere Aufwandsrückstellungen gemäß § 249 Abs. 2

---

[27] Vgl. Baetge, Jörg/Kirsch, Hans-Jürgen/Thiele, Stefan: Bilanzen 2007, S. 163.
[28] Vgl. Baetge, Jörg/Kirsch, Hans-Jürgen/Thiele, Stefan: Bilanzen 2007, S. 171.

HGB, Eigenkapital gemäß § 247 Abs. 1 HGB, passivische Rechnungs-abgrenzungsposten gemäß § 250 Abs. 2 HGB und Sonderposten mit Rücklageanteil gemäß § 247 Abs. 3 HGB.

2.1.5.2 Bewertung

Nachdem geklärt ist, was in der Bilanz anzusetzen ist, soll nun erläutert werden welche Werte den aktivierten bzw. passivierten Vermögensgegenständen und Schulden zuzu-weisen sind. „Der Jahresabschluß der Kapitalgesellschaft hat unter Beachtung der Grundsätze ordnungsmäßiger Buchführung ein den tatsächlichen Verhältnissen entsprechende Bild der Vermögens-, Finanz- und Ertragslage der Kapitalgesellschaft zu vermitteln."[29] Somit sind für die handelsrechtliche Bewertung die Grundsätze ordnungsmäßiger Buchführung zu beachten. Diese und darüber hinaus die konkreten Bewertungsgrundsätze des Handelsrechts sind Inhalt der folgenden Darstellung.

Eine erste Bewertungsvorschrift stellt § 244 HGB dar, so ist der Jahresabschluss in Euro aufzustellen. In § 253 Abs. 1 S. 1 HGB sind die Anschaffungs- oder Herstellungskosten, gegebenenfalls vermindert um die gesetzlichen Abschreibungen als Höchstwert für Vermögensgegenstände festgelegt. Der Grundsatz der Bilanzidentität nach § 252 Abs. 1 Nr. 1 HGB besagt, dass die Wertansätze der Eröffnungsbilanz des Geschäftsjahres mit den Wertansätzen der Schlussbilanz des Vorjahres übereinstimmen müssen. Es ist von der Fortführung der Unternehmenstätigkeit bei der Bewertung auszugehen schreibt § 252 Abs. 1 Nr. 2 HGB vor. Vermögensgegenstände und Schulden sind grundsätzlich einzeln zu bewerten nach § 252 Abs. 1 Nr. 3 HGB. Weiterhin schreibt § 252 Abs. Nr. 3 HGB vor, dass Vermögensgegenstände und Schulden zum Abschlussstichtag zu bewerten sind. Das Vorsichtsprinzip, welches in § 252 Abs. 1 Nr. 4 HGB kodifiziert ist zwingt zur vorsichtigen Bewertung. Als Unterpunkt des Vorsichtsprinzips ist das Imparitätsprinzip, ebenfalls im § 252 Abs. 1 Nr. 4 HGB beschrieben, und besagt „(...) namentlich sind alle vorhersehbaren Risiken und Verluste, die bis zum Abschluß-stichtag entstanden sind, zu berücksichtigen (...)"[30]. Im Gegensatz zu den Risiken und Verlusten, die bereits berücksichtigt werden müssen, dürfen Gewinne laut Realisations-prinzip nur berücksichtigt werden, wenn sie am Abschlussstichtag bereits realisiert sind. Aus dem Imparitätsprinzip leitet sich das Niederstwertprinzip ab, dieses fordert eine

---

[29] § 264 Abs. 2 S. 1 HGB.
[30] § 252 Abs. 4 Nr. 2 HGB.

Aufwandsantizipation und somit die Abwertung eines Vermögensgegenstandes auf den niedrigeren Wert. Für die Bewertung von Schulden, also Verbindlichkeiten und Rückstellungen lässt sich nun aus dem Imparitäts- und Realisationsprinzip das Höchstwertprinzip ableiten. Die Periodenabgrenzung fordert gemäß § 252 Abs. 1 Nr. 5 HGB, dass Aufwendungen und Erträge des Geschäftsjahres im Jahresabschluss zu berücksichtigen sind, und zwar unabhängig von den Zahlungszeitpunkten. Zuletzt fordert § 252 Abs. 1 Nr. 5 HGB Bewertungsstetigkeit, also die Beibehaltung der Bewertungsmethoden des vorherigen Jahresabschlusses. Für Kapitalgesellschaften gilt zusätzlich der Grundsatz des § 264 Abs. 2 HGB, der für Jahresabschlüsse von Kapitalgesellschaften „ein den tatsächlichen Verhältnissen entsprechendes Bild der Vermögens-, Ertrags- und Finanzlage fordert"[31]. Somit müssen Kapitalgesellschaften bei der Bewertung, aber vor allem bei der Inanspruchnahme von Bewertungswahlrechten ihre Entscheidungen an dieser Generalnorm messen und gegebenenfalls ihre Schritte zusätzlich im Anhang erläutern.

Nach den allgemeinen Bewertungsprinzipien werden nun die konkreten Bewertungsvorschriften, gegliedert nach Anlage- und Umlaufvermögen, Eigenkapital, Verbindlichkeiten und Rückstellungen, vorgestellt.

Das Anlagevermögen umfasst nach § 266 Abs. 2 HGB immaterielle Vermögensgegenstände des Anlagevermögens, Sachanlagen und Finanzanlagen. Diese Vermögensgegenstände sind gemäß § 253 Abs. 1 HGB höchstens mit den Anschaffungs- bzw. Herstellungskosten, gegebenenfalls vermindert um die gesetzlichen Abschreibungen, anzusetzen.[32] Ist einer dieser Vermögensgegenstände voraussichtlich dauerhaft im Wert gemindert, so muss er nach dem strengen Niederstwertprinzip mit dem Wert angesetzt werden, der ihm am Abschlussstichtag beizulegen ist. Gemäß § 279 Abs. 1 HGB dürfen Wertminderungen, die nicht dauerhaft sind von Kapitalgesellschaften nach dem gemilderten Niederstwertprinzip nur bei Finanzanlagen berücksichtigt werden. Über das strenge Niederstwertprinzip hinaus dürfen niedrigere Wert angesetzt werden, wenn eine steuerliche Sonderabwertung nach § 254 HGB von einer identischen Behandlung in der Handelsbilanz anhängt. § 280 HGB sieht für Kapitalgesellschaften eine Gebot zur

---

[31] § 264 Abs. 2 S.1 HGB.
[32] Vgl. Berger, Axel/Ring, Maximilian/Schramm, Marianne in: Berger, Axel/Ellrott, Helmut/Förschle, Gerhardt/Hense, Burkhard (Hrsg.): Beck´scher Bilanz-Kommentar 2003, § 253, Rz. 1.

Wertaufholung vor, wonach außerplanmäßige Abschreibungen rückgängig gemacht werden müssen, wenn die Gründe dafür nicht mehr bestehen. Sollte das Steuerrecht eine Beibehaltung des niedrigeren Wertes fordern, so ist dies nach § 280 Abs. 12 HGB möglich.

Für das Umlaufvermögen, also nach § 266 Abs. 2 HGB Vorräte, Forderungen, Wertpapiere und Kassenbestand, sind ebenfalls höchstens die Anschaffungs- bzw. Herstellungskosten anzusetzen. Nach § 253 Abs. 3 HGB gilt das strenge Niederstwertprinzip und so müssen Abschreibungen vorgenommen werden, sobald ein Börsenpreis, Marktpreis oder der beizulegende Wert unter dem Bilanzansatz liegt.[33] Weitergehende, also nicht marktbedingte Wertminderungen sind nach § 253 Abs. 3 HGB zur Antizipation künftiger Abwertungen oder nach § 254 HGB zur Erreichung niedrigerer steuerlicher Werte möglich. Für Kapitalgesellschaften ergibt sich nach § 280 Abs. 1 HGB auch für das Umlaufvermögen ein Wertaufholungsgebot, dass wiederum nur durch das steuerliche Beibehaltungswahlrecht nach § 280 Abs. 2 HGB umgangen werden kann.

Das Eigenkapital setzt sich nach § 266 Abs. 3 HGB aus dem gezeichneten Kapital, der Kapitalrücklage, den Gewinnrücklagen, dem Gewinn- bzw. Verlustvortrag und dem Jahresüberschuss bzw. Jahresfehlbetrag zusammen. Da das Eigenkapital eine Differenzgröße zwischen Vermögen und Schulden ist, können hier keine eigenständigen Bewertungsprobleme entstehen.

Für Verbindlichkeiten sieht das Handelsrecht in § 253 Abs. 1 HGB den Rückzahlungsbetrag als maßgebliche Bewertungsvorschrift vor. Für die andere Komponente der Schulden, also die Rückstellungen sieht § 253 Abs. 1 HGB einen Wertansatz nur in Höhe des Betrages vor, der nach vernünftiger kaufmännischer Beurteilung notwendig ist. Es sind weder nach oben noch nach unten andere Wertansätze als der nach vernünftiger kaufmännischer Beurteilung notwendige Betrag zulässig, was der Gesetzgeber mit der Verwendung des Wortes „nur" zu erkennen gibt.[34]

---

[33] Vgl. Ellrott, Helmut/Ring, Stephan in: Berger, Axel/Ellrott, Helmut/Förschle, Gerhardt/Hense, Burkhard (Hrsg.): Beck´scher Bilanz-Kommentar 2003, § 253, Rz. 502.
[34] Vgl. IDW: WP-Handbuch 2006, E 89.

2.1.5.3 Bilanzgliederung

Es stehen nun anzusetzende Vermögensgegenstände und Schulden sowie die dazugehörigen Werte fest. Zuletzt ist zu klären, in welcher Form diese in der handelsrechtlichen Bilanz darzustellen sind. § 266 Abs. 1 HGB schreibt für Kapitalgesellschaften eine Bilanz in Kontoform vor, § 265 Abs. 2 HGB ergänzt die Bilanz um die Vorjahreswerte. So ist zu jedem Posten der Bilanz der entsprechende Betrag des vorherigen Geschäftsjahres anzugeben.

Für das Anlagevermögen und den Posten „Aufwendungen für Ingangsetzung und Erweiterung des Geschäftsbetriebs" wird eine gesonderte Darstellung der Entwicklung dieser Posten in der Bilanz oder im Anhang gefordert.

Bei dem so genannten Anlagegitter gemäß § 268 Abs. 2 HGB ist von den gesamten Anschaffungs- und Herstellungskosten ausgehend, die Entwicklung der einzelnen Posten bis zu den heutigen Buchwerten in einer horizontalen Gliederung darzustellen.[35] Dabei sind Zugänge, Abgänge, Umbuchungen, Zuschreibungen des Geschäftsjahres und die kumulierten Abschreibungen anzugeben. Die Abschreibungen des Geschäftsjahres können wahlweise auch im Anhang gegliedert dargestellt werden.

Das Gliederungsschema des § 266 Abs. 2 und Abs. 3 HGB gibt die Bezeichnung und die Reihenfolge der Posten der Aktiv- und Passivseite vor. In Abbildung 6 und Abbildung 7 ist das Gliederungsschema des § 266 HGB ergänzt um die gesetzlich geforderten Bilanzvermerke dargestellt. Zudem wurden weiterführende Angaben aus den Vorschriften des GmbHG und des HGB eingefügt, aber nicht in das System der Buchstaben und Zahlen einbezogen.

Eine Reduzierung des dargestellten Gliederungsumfangs oder der Gliederungstiefe kann für mittelgroße und große Kapitalgesellschaften in folgenden Fällen zulässig sein. Werden für das Gesamtbild des Unternehmens nach § 264 Abs. 2 HGB unerhebliche Beträge dargestellt oder wird die Klarheit der Darstellung gefördert, so können gemäß § 265 Abs. 7 HGB einzelne der mit arabischen Ziffern versehene Posten zusammengefasst werden. Posten, die zwar im gesetzlichen Gliederungsschema vorgesehen sind, aber im Geschäftsjahr und im vorhergegangenen Geschäftsjahr keinen Betrag ausgewiesen haben können nach § 265 Abs. 8 HGB weggelassen werden.

---

[35] Vgl. Böttges, Dorothee/Papendorf, Gerhard: Anlagenspiegel 1988, S. 6.

§ 265 Abs. 5 HGB sieht die Möglichkeit der Erweiterung des Gliederungsumfanges und der Gliederungstiefe vor, jedoch sind hierbei Grenzen im Rahmen des Grundsatzes der Klarheit und Übersichtlichkeit gesetzt.

Passivseite
A. Eigenkapital:
    I. Gezeichnetes Kapital;
    II. Kapitalrücklage;
       (davon eingeforderte Nachschüsse § 42 Abs. 2 GmbHG)
    III. Gewinnrücklagen:
       1. gesetzliche Rücklage;
       2. Rücklage für Anteile an einem herrschenden oder mehrheitlich beteiligten Unternehmen;
       3. satzungsmäßige Rücklagen;
       4. andere Gewinnrücklagen;
         (davon gemäß § 29 Abs. 4 GmbHG)
    IV. Gewinnvortrag/Verlustvortrag;
       (oder Bilanzgewinn/Bilanzverlust, davon Gewinn-/Verlustvortrag § 268 Abs. 1 HGB)
    V. Jahresüberschuss/Jahresfehlbetrag.
    > (Sonderposten mit Rücklageanteil § 273 HGB)
B. Rückstellungen:
    1. Rückstellungen für Pensionen und ähnliche Verpflichtungen;
    2. Steuerrückstellungen;
    > (Rückstellung für latente Steuern § 274 Abs. 1 HGB)
    3. sonstige Rückstellungen
C. Verbindlichkeiten:
    1. Anleihen
       davon konvertibel;
       davon mit einer Restlaufzeit bis zu einem Jahr § 268 Abs. 5 HGB
    2. Verbindlichkeiten gegenüber Kreditinstituten;
       davon mit einer Restlaufzeit bis zu einem Jahr § 268 Abs. 5 HGB
    3. erhaltene Anzahlungen auf Bestellungen;
       davon mit einer Restlaufzeit bis zu einem Jahr § 268 Abs. 5 HGB
    4. Verbindlichkeiten aus Lieferungen und Leistungen;
       davon mit einer Restlaufzeit bis zu einem Jahr § 268 Abs. 5 HGB
    5. Verbindlichkeiten aus der Annahme gezogener Wechsel und der Ausstellung eigener Wechsel;
       davon mit einer Restlaufzeit bis zu einem Jahr § 268 Abs. 5 HGB
    6. Verbindlichkeiten gegenüber verbundenen Unternehmen;
       davon mit einer Restlaufzeit bis zu einem Jahr § 268 Abs. 5 HGB
    7. Verbindlichkeiten gegenüber Unternehmen, mit denen ein Beteiligungsverhältnis besteht;
       davon mit einer Restlaufzeit bis zu einem Jahr § 268 Abs. 5 HGB
    > (Verbindlichkeiten gegenüber Gesellschaftern § 42 Abs. 3 GmbHG)
       davon mit einer Restlaufzeit bis zu einem Jahr § 268 Abs. 5 HGB
    8. sonstige Verbindlichkeiten,
       davon aus Steuern,
       davon im Rahmen der sozialen Sicherheit.
       davon mit einer Restlaufzeit bis zu einem Jahr § 268 Abs. 5 HGB
D. Rechnungsabgrenzungsposten
E. Passive latente Steuern
> (Angabe der Haftungsverhältnisse
  davon gegenüber verbundenen Unternehmen § 268 Abs. 7 HGB)

Abb. 6: Passivseite der Gliederung nach § 266 Abs. 3 HGB mit Ergänzungen aus HGB und GmbHG

Aktivseite
> (ausstehende Einlagen auf das gezeichnete Kapital
  davon eingefordert § 272 Abs. 1 S. 2 HGB)
> (Aufwendungen für die Ingangsetzung und Erweiterung des Geschäftsbetriebes § 268 Abs. 1 HGB)
A. Anlagevermögen:
  I. Immaterielle Vermögensgegenstände:
    1. Selbst geschaffene gewerbliche Schutzrechte und ähnliche Rechte und Werte;
    2. entgeltlich erworbene Konzessionen, gewerbliche Schutzrechte und ähnliche Rechte und Werte
       sowie Lizenzen an solchen Rechten und Werten;
    3. Geschäfts- oder Firmenwert;
    4. geleistete Anzahlungen;
  II. Sachanlagen:
    1. Grundstücke, grundstücksgleiche Rechte und Bauten einschließlich der Bauten auf fremden Grundstücken;
    2. technische Anlagen und Maschinen;
    3. andere Anlagen, Betriebs- und Geschäftsausstattung;
    4. geleistete Anzahlungen und Anlagen im Bau;
  III. Finanzanlagen:
    1. Anteile an verbundenen Unternehmen;
    2. Ausleihungen an verbundene Unternehmen;
    3. Beteiligungen;
    4. Ausleihungen an Unternehmen, mit denen ein Beteiligungsverhältnis besteht;
    > (Ausleihungen an Gesellschafter § 42 Abs. 3 GmbHG)
    5. Wertpapiere des Anlagevermögens;
    6. sonstige Ausleihungen
B. Umlaufvermögen:
  I. Vorräte:
    1. Roh-, Hilfs- und Betriebsstoffe;
    2. unfertige Erzeugnisse, unfertige Leistungen;
    3. fertige Erzeugnisse und Waren;
    4. geleistete Anzahlungen;
  II. Forderungen und sonstige Vermögensgegenstände:
    1. Forderungen aus Lieferungen und Leistungen;
       davon mit einer Restlaufzeit von mehr als einem Jahr § 268 Abs. 4 HGB
    2. Forderungen gegen verbundene Unternehmen;
       davon mit einer Restlaufzeit von mehr als einem Jahr § 268 Abs. 4 HGB
    3. Forderungen gegen Unternehmen, mit denen ein Beteiligungsverhältnis besteht;
       davon mit einer Restlaufzeit von mehr als einem Jahr § 268 Abs. 4 HGB
    > (Forderungen gegenüber Gesellschaftern § 42 Abs. 3 GmbHG
       davon mit einer Restlaufzeit von mehr als einem Jahr § 268 Abs. 4 HGB)
    > (Eingeforderte Einlagen auf das gezeichnete Kapital § 272 Abs. 1 HGB
       davon mit einer Restlaufzeit von mehr als einem Jahr § 268 Abs. 4 HGB)
    > (Eingeforderte Nachschüsse § 42 Abs. 2 GmbHG
       davon mit einer Restlaufzeit von mehr als einem Jahr § 268 Abs. 4 HGB)
    4. sonstige Vermögensgegenstände;
       davon mit einer Restlaufzeit von mehr als einem Jahr § 268 Abs. 4 HGB
  III. Wertpapiere:
    1. Anteile an verbundenen Unternehmen;
    2. sonstige Wertpapiere;
  IV. Kassenbestand, Bundesbankguthaben, Guthaben bei Kreditinstituten und Schecks.
C. Rechnungsabgrenzungsposten
    > (Disagio § 268 Abs. 6 HGB)
    > (nicht durch Eigenkapital gedeckter Fehlbetrag § 268 Abs. 3 HGB)
    > (Steuerabgrenzungsposten § 274 Abs. 2 HGB)
D. Aktive latente Steuern
E. Aktiver Unterschiedsbetrag aus der Vermögensverrechnung

Abb. 7: Aktivseite des Gliederung nach § 266 Abs. 2 HGB mit Ergänzungen aus HGB und GmbHG

2.1.6 Vorschriften zur handelsrechtlichen Gewinn- und Verlustrechnung

2.1.6.1 Verbindung zwischen Bilanz und Gewinn- und Verlustrechnung

In der Bilanz wurden Vermögensgegenstände, Schulden und Rechnungsabgrenzungsposten mit den jeweils zugewiesenen Werten, und als Differenzgröße, das Eigenkapital ausgewiesen.

Die Veränderung des Eigenkapitals wird durch die im Geschäftsjahr erwirtschafteten Gewinne oder Verluste beeinflusst und durch den Jahresüberschuss bzw. den Jahresfehlbetrag in der Bilanz dargestellt. Jahresüberschuss bzw. Jahresfehlbetrag werden in ihrer Höhe durch die Gegenüberstellung von Vermögens- und Kapitalpositionen bestimmt, so dass für die Gewinn- und Verlustrechnung keine eigenständigen Bewertungsprobleme bestehen.

Um jedoch einen Einblick in die Erfolgslage bzw. in die Quellen des Unternehmenserfolgs zu ermöglichen, verpflichtet § 242 Abs. 2 HGB zur Aufstellung einer Gewinn- und Verlustrechnung. Diese stellt somit einen organisatorisch ausgegliederten Teil des Eigenkapitals dar, der die Zusammensetzung des Gewinns bzw. des Verlusts aus den Ertrags- und Aufwandsarten verdeutlicht.

Erträge stellen dabei erfolgswirksame Eigenkapitalmehrungen, Aufwendungen stellen erfolgswirksame Eigenkapitalminderungen dar. Mit den Vorschriften zu Bilanzansatz und Bewertung ist der Inhalt der Gewinn- und Verlustrechnung über das System der doppelten Buchführung bereits festgelegt. Offen bleiben zwei Fragen: Wie werden die einzelnen Positionen der Gewinn- und Verlustrechnung gegliedert und wie werden die vorgegebenen Inhalte, also Aufwendungen und Erträge, den einzelnen Positionen zugeordnet?

2.1.6.2 Darstellungsform und Gliederung der Gewinn- und Verlustrechnung

§ 275 HGB schreibt für Kapitalgesellschaften die Staffelform, den Mindestumfang und die Reihenfolge der Aufwands- und Ertragsposten vor. Dabei lässt der Gesetzgeber Unternehmen die Wahl zwischen zwei Formen der Erfolgsrechnung bzw. zwischen zwei Darstellungsformen des Betriebsergebnisses.

Bei dem Gesamtkostenverfahren setzt sich, wie aus Abbildung 9 ersichtlich, das Betriebsergebnis aus den Positionen 1 bis 8 zusammen, und beim Umsatzkostenverfahren, wie aus Abbildung 8 ersichtlich, aus Position 1 bis 7. Die in Abbildung 8 und 9 dargestellten Schemata sind um in Klammern stehende „davon"-Vermerke ergänzt, die wahlweise auch im Anhang ausgewiesen werden dürfen. Weiterhin sind handelsrechtlich vorgeschriebene Einzelangaben ergänzt, aber nicht in das Zahlensystem eingereiht.

1. Umsatzerlöse
2. Herstellungskosten der zur Erzielung der Umsatzerlöse erbrachten Leistungen
   (davon außerplanmäßige Abschreibungen auf das Anlagevermögen § 277 Abs. 3 S. 1 HGB)
   (davon zur Antizipation künftiger Wertschwankungen § 277 Abs. 3 S. 1 HGB)
3. Bruttoergebnis vom Umsatz
4. Vertriebskosten
   (davon außerplanmäßige Abschreibungen auf das Anlagevermögen § 277 Abs. 3 S. 1 HGB)
   (davon zur Antizipation künftiger Wertschwankungen § 277 Abs. 3 S. 1 HGB)
5. allgemeine Verwaltungskosten
   (davon außerplanmäßige Abschreibungen auf das Anlagevermögen § 277 Abs. 3 S. 1 HGB)
   (davon zur Antizipation künftiger Wertschwankungen § 277 Abs. 3 S. 1 HGB)
6. sonstige betriebliche Erträge
   (davon Erträge aus der Auflösung des Sonderpostens mit Rücklageanteil § 281 Abs. 2 S. 2 HGB)
7. sonstige betriebliche Aufwendungen
   (davon Einstellungen in den Sonderposten mit Rücklageanteil § 281 Abs. 2 S. 2 HGB)
   (davon außerplanmäßige Abschreibungen auf das Anlagevermögen § 277 Abs. 3 S. 1 HGB)
   (davon zur Antizipation künftiger Wertschwankungen § 277 Abs. 3 S. 1 HGB)
> aufgrund Gewinngemeinschaft oder Gewinnabführungsvertrages erhaltene Gewinne § 277 Abs. 3 S. 2 HGB
8. Erträge aus Beteiligungen,
   davon aus verbundenen Unternehmen
9. Erträge aus anderen Wertpapieren und Ausleihungen des Finanzanlagevermögens,
   davon aus verbundenen Unternehmen
10. sonstige Zinsen und ähnliche Erträge,
    davon aus verbundenen Unternehmen
> Aufwendungen aus Verlustübernahme § 277 Abs. 3 S. 2 HGB
11. Abschreibungen auf Finanzanlagen und auf Wertpapiere des Umlaufvermögens
    (davon Abschreibungen auf Finanzanlagen § 277 Abs. 3 S. 1 HGB)
    (davon zur Antizipation künftiger Wertschwankungen bei Wertpapieren des Umlaufvermögens § 277 Abs. 3 S. 1 HGB)
12. Zinsen und ähnliche Aufwendungen,
    davon an verbundene Unternehmen
13. Ergebnis der gewöhnlichen Geschäftstätigkeit
14. außerordentliche Erträge
15. außerordentliche Aufwendungen
16. außerordentliches Ergebnis
17. Steuern vom Einkommen und vom Ertrag
18. sonstige Steuern
> Erträge aus Verlustübernahme § 277 Abs. 3 S. 2 HGB
> aufgrund Gewinngemeinschaft oder Gewinnabführungsvertrages erhaltene Gewinne § 277 Abs. 3 S. 2 HGB
19. Jahresüberschuss/Jahresfehlbetrag

Abb. 8: Umsatzkostenverfahren nach § 275 Abs. 3 HGB mit Ergänzungen aus dem HGB

Die Gliederungsschemata der Abbildungen 8 und 9 sind nicht bindend, da Positionen, die im Geschäftsjahr und im vorangegangenen Jahr keinen Betrag ausweisen gemäß § 265 Abs. 8 HGB nicht angegeben werden müssen. Eine Zusammenfassung einzelner

23

Posten ist nach § 265 Abs. 7 HGB zulässig, wenn der Einzelbetrag für die Vermittlung eines den tatsächlichen Verhältnissen entsprechenden Bild nach § 264 Abs. 2 HGB unwesentlich ist oder durch die Zusammenfassung die Klarheit der Darstellung vergrößert wird. Bei der zuletzt genannten Art der Zusammenfassung müssen diese Positionen jedoch im Anhang gemäß § 265 Abs. 7 Nr. 2 HGB gesondert ausgewiesen werden.

---

1. Umsatzerlöse
2. Erhöhung oder Verminderung des Bestands an fertigen und unfertigen Erzeugnissen
3. andere aktivierte Eigenleistungen
4. sonstige betriebliche Erträge
    (davon Erträge aus der Auflösung des Sonderpostens mit Rücklageanteil § 281 Abs. 2 S. 2 HGB)
5. Materialaufwand:
    a) Aufwendungen für Roh-, Hilfs- und Betriebsstoffe und für bezogene Waren
    b) Aufwendungen für bezogene Leistungen
6. Personalaufwand:
    a) Löhne und Gehälter
    b) soziale Abgaben und Aufwendungen für Altersversorgung und für Unterstützung,
        davon für Altersversorgung
7. Abschreibungen:
    a) auf immaterielle Vermögensgegenstände des Anlagevermögens und Sachanlagen
        (davon davon außerplanmäßige § 277 Abs. 3 S. 1 HGB)
    b) auf Vermögensgegenstände des Umlaufvermögens, soweit diese die in der Kapitalgesellschaft
        üblichen Abschreibungen überschreiten
        (davon zur Antizipation künftiger Wertschwankungen § 277 Abs. 3 S. 1 HGB)
8. sonstige betriebliche Aufwendungen
    (davon Einstellungen in den Sonderposten mit Rücklageanteil § 281 Abs. 2 S. 2 HGB)
> aufgrund Gewinngemeinschaft oder Gewinnabführungsvertrages erhaltene Gewinne § 277 Abs. 3 S. 2 HGB
9. Erträge aus Beteiligungen,
    davon aus verbundenen Unternehmen
10. Erträge aus anderen Wertpapieren und Ausleihungen des Finanzanlagevermögens,
    davon aus verbundenen Unternehmen
11. sonstige Zinsen und ähnliche Erträge,
    davon aus verbundenen Unternehmen
> Aufwendungen aus Verlustübernahme § 277 Abs. 3 S. 2 HGB
12. Abschreibungen auf Finanzanlagen und auf Wertpapiere des Umlaufvermögens
    (davon Abschreibungen auf Finanzanlagen § 277 Abs. 3 S. 1 HGB)
    (davon zur Antizipation künftiger Wertschwankungen bei Wertpapieren des Umlaufvermögens § 277 Abs. 3 S. 1 HGB)
13. Zinsen und ähnliche Aufwendungen,
    davon an verbundene Unternehmen
14. Ergebnis der gewöhnlichen Geschäftstätigkeit
15. außerordentliche Erträge
16. außerordentliche Aufwendungen
17. außerordentliches Ergebnis
18. Steuern vom Einkommen und vom Ertrag
19. sonstige Steuern
> Erträge aus Verlustübernahme § 277 Abs. 3 S. 2 HGB
> aufgrund Gewinngemeinschaft oder Gewinnabführungsvertrages erhaltene Gewinne § 277 Abs. 3 S. 2 HGB
20. Jahresüberschuss/Jahresfehlbetrag

Abb. 9: Gesamtkostenverfahren nach § 275 Abs. 2 HGB mit Ergänzungen aus dem HGB

24

2.1.6.3 Zuordnung der Inhalte zu den einzelnen Positionen der Gewinn- und Verlustrechnung

Aufwendungen und Erträge stehen als Inhalte der Gewinn- und Verlustrechnung bereits fest. Nun stellt sich die Frage wie diese Inhalte den einzelnen Positionen zugeordnet werden.

Nach § 277 Abs. 1 HGB sind Umsatzerlöse, die aus der gewöhnlichen Geschäftstätigkeit des Unternehmens stammenden Erlöse. Position 2 in Abbildung 9 umfasst die Erhöhung und Verminderung des Bestands an fertigen und unfertigen Erzeugnissen, also gemäß § 277 Abs. 2 HGB Bestandsveränderungen aufgrund von Änderungen der Menge oder des Wertes. Unter den anderen aktivierten Eigenleistungen werden selbst hergestellte Vermögensgegenstände des Anlagevermögens erfasst.[36] Als Sammelposition gelten die sonstigen betrieblichen Erträge, hier werden Erträge aus der gewöhnlichen Geschäftstätigkeit gesammelt, die nicht von anderen Ertragspositionen erfasst werden. Position 5, Materialaufwand, erfasst den gesamten Materialaufwand einer Periode. Die Position Personalaufwand sammelt sämtliche Löhne und Gehälter als Bruttobetrag, sowie die gesetzlichen sozialen Pflichtabgaben. Unter Position 7, Abschreibungen, fallen planmäßige und außerplanmäßige Abschreibungen auf das Anlagevermögen, und die über die üblichen Abschreibungen auf das Umlaufvermögen hinausgehenden. Als Sammelposten gelten ebenfalls die sonstigen betrieblichen Aufwendungen. Diese umfassen Aufwendungen aus der gewöhnlichen Geschäftstätigkeit, die nicht unter Position 5, 6 oder 7 fallen. Position 9, also Erträge aus Beteiligungen, enthalten alle laufenden Erträge aus Anteilen an anderen Unternehmen, die dazu bestimmt sind, in einer dauerhaften Verbindung, dem eigenen Geschäftsbetrieb zu dienen.[37] Erträge aus anderen Wertpapieren und Ausleihungen des Finanzanlagevermögens stellen die regelmäßigen Erträge aus Finanzanlagen dar, soweit sie keine Beteiligungserträge sind, oder aus Gewinnabführungsverträgen stammen. Sonstige Zinsen und ähnliche Erträge sind alle Zinsen, soweit sie nicht unter Beteiligungserträge oder Erträge aus anderen Wertpapieren fallen. Abschreibungen auf Finanzanlagen und auf Wertpapieren des Umlaufvermögens erfassen Abschreibungen des Anlage- und Umlaufvermögens des Finanzbereichs. Unter Zinsen und ähnliche

---

[36] Vgl. Kurras, Klaus/Tanski, Joachim/Weitkamp, Jürgen: Jahresabschluß gesamt 1991, S. 326.
[37] Vgl. Kurras, Klaus/Tanski, Joachim/Weitkamp, Jürgen: Jahresabschluß gesamt 1991, S. 331.

Aufwendungen sind sämtliche Zinsaufwendungen zu erfassen. Das Ergebnis der gewöhnlichen Geschäftätigkeit ist eine Zwischensumme und gibt das Ergebnis vor Berücksichtigung der außerordentlichen Vorgänge und vor Steuern wieder. Außerordentliche Erträge sind Erträge die außerhalb der gewöhnlichen Geschäftätigkeit anfallen. Analog dazu fallen außerordentliche Aufwendungen ebenfalls außerhalb der gewöhnlichen Geschäftätigkeit an. Das außerordentliche Ergebnis ist der Saldo der beiden vorgenannten Positionen. Die Steuern vom Einkommen und vom Ertrag umfassen alle angefallenen Ertragssteuern, aber auch Steuererstattungen daraus. Die sonstigen Steuern umfassen alle Steuern, die handelsrechtlich als Aufwand gelten. Der Jahresüberschuss bzw. der Jahresfehlbetrag ist der Saldo aller Aufwendungen und Erträge.

Bei Verwendung des Umsatzkostenverfahrens ergeben sich folgenden Abweichung von obenstehender Zuordnung. Die in Position 5 bis 7 des Gesamtkostenverfahrens ausgewiesenen Aufwandsarten müssen mit Hilfe der Kostenstellen- und Kostenträgerrechnung auf die umgesetzten Mengeneinheiten umgerechnet und als Summe unter Position 2 des Umsatzkostenverfahrens ausgewiesen werden. Soweit Löhne, Gehälter, Materialverbrauch und Abschreibungen auf Verwaltungs- und Vertriebskostenstellen entfallen, müssen diese als Periodenaufwand unter den Positionen 4 und 5 des Umsatzkostenverfahrens ausgewiesen werden. Die sonstigen betrieblichen Erträge und Aufwendungen tragen andere Positionsnummern und erfassen nun zusätzlich die Gemeinkosten, die nicht in den Herstellungskosten erfasst werden. Zusätzlich taucht beim Umsatzkostenverfahren noch unter der Positionsnummer 3 das Bruttoergebnis vom Umsatz auf, welches den Überschuss der Umsatzerlöse über die Umsatzkosten angibt.

2.1.6.4 Größenabhängige Erleichterungen

Die mittelgroße GmbH darf gemäß § 276 HGB beim Gesamtkostenverfahren die Positionen 1 bis 5 und beim Umsatzkostenverfahren die Positionen 1 bis 3 und Position 6 zu der Position „Rohergebnis" zusammenfassen.

2.1.7 Vorschriften zum handelsrechtlichen Anhang

2.1.7.1 Grundsätze

Gemäß § 264 Abs. 1 HGB ist der Anhang ein unverzichtbarer Teil des Jahres-abschlusses der Kapitalgesellschaft. Da der Anhang der Kapitalgesellschaft mit Bilanz sowie Gewinn- und Verlustrechnung eine Einheit bildet, sind auf diesen auch alle Vorschriften anzuwenden, die auch bei der Erstellung von Bilanz und Gewinn- und Verlustrechnung zu beachten sind. Besonders hervorzuheben ist dabei die Forderung des § 243 Abs. 2 HGB nach Klarheit und Übersichtlichkeit, aber auch die Generalnorm des § 264 Abs. 2 HGB. Denn nur so ist gewährleistet, dass der Anhang seine Aufgabe erfüllen kann und die Zahlen aus Bilanz und Gewinn- und Verlustrechnung erläutert, korrigiert, interpretiert und ergänzt.[38]

Die Einzelvorschriften zum Pflichtinhalt des Anhangs befinden sich in den §§ 284 und 285 HGB. Desweiteren finden sich Pflichtangaben, aber auch wahlweise Angaben in den Bewertungsvorschriften, den Ansatzvorschriften, den Vorschriften zur Gewinn- und Verlustrechnung und den allgemeinen Vorschriften. Für die hier betrachtete GmbH ergeben sich weitere Hinweise auf den Anhang aus dem GmbHG.

2.1.7.2 Pflichtangaben

Die folgende Ausführung geht auf die Angaben ein, die das Gesetz ausdrücklich in den Anhang verwiesen hat und keine Ausweisalternative vorsieht.

§ 264 Abs. 2 HGB schreibt eine Angabe vor, wenn der Jahresabschluss nicht in der Lage ist „ein den tatsächlichen Verhältnissen entsprechendes Bild der Vermögens-, Finanz- und Ertragslage zu vermitteln."[39] Weicht die Darstellungsform der Bilanz oder der Gewinn- und Verlustrechnung von der des Vorjahres ab, so ist dies nach § 265 Abs. 1 HGB anzugeben und zu begründen. Weiterhin schreibt § 265 Abs. 2 HGB eine Erläuterung für nicht vergleichbare Vorjahresbeträge vor. Ein Unternehmen, welches in mehreren Geschäftszweigen tätig ist für die verschiedene Gliederungsvorschriften gelten, muss die Gliederung einheitlich nach einer dieser Vorschriften vorgenommen werden. Im Anhang muss dann eine Ergänzung stattfinden, um die Bilanz und Gewinn- und Verlustrechnung auch für die anderen Gliederungsvorschriften zu verdeutlichen.

---

[38] Vgl. Coenenberg, Adolf G.: Jahresabschluss 2003, S. 844 – 845.
[39] § 264 Abs. 2 S. 1 HGB.

Wurden die mit arabischen Zahlen versehenen Posten zur Vergrößerung der Klarheit der Darstellung zusammengefasst, so müssen diese gemäß § 265 Abs. 7 Nr. 2 HGB gesondert ausgewiesen werden. Ausgewiesene Vermögensgegenstände bzw. Verbindlichkeiten, die rechtlich erst nach dem Abschlussstichtag entstehen, müssen bei größeren Beträgen erläutert werden. Werden Aufwendungen für Ingangsetzung und Erweiterung des Geschäftsbetriebs aktiviert, so muss dies erläutert werden. Ebenso sind gemäß § 274 Abs. 2 HGB aktivierte latente Steuern zu erläutern. Außerordentliche und periodenfremde Aufwendungen und Erträge unterliegen gemäß § 277 Abs. 4 HGB keiner Erläuterungspflicht, solange sie von untergeordneter Bedeutung sind. Wurden Zuschreibungen unterlassen so ist dies nach § 280 Abs. 3 HGB anzugeben und zu begründen. Ebenso sind gemäß § 281 Abs. 2 HGB Abschreibungsbeträge getrennt nach Anlage- und Umlaufvermögen anzugeben und zu erläutern, wenn diese ausschließlich aufgrund steuerrechtlicher Vorschriften vorgenommen wurden.

Der zweite Absatz des § 284 HGB nennt 5 Mindestangaben zur Erläuterung der Bilanz und der Gewinn- und Verlustrechnung: Angabe der angewandten Bilanzierungs- und Bewertungsmethoden, Angabe der Grundlagen der Währungsumrechnung, Abweichungen von Bilanzierungs- und Bewertungsmethoden, Abweichungen bei der Verwendung von Bewertungsvereinfachungsverfahren und die Einbeziehung von Fremdkapitalzinsen in die Herstellungskosten.

In § 285 HGB werden die sonstigen Pflichtangaben gefordert, die weit über eine bloße Erläuterung des Jahresabschlusses hinausgehen. So sind gemäß Nr. 1 und Nr. 2 Verbindlichkeiten mit einer Restlaufzeit von mehr als 5 Jahren gesondert anzugeben und dinglich gesicherte Verbindlichkeiten mit Art und Form der Sicherheit aufzuführen. Nach § 285 Nr. 3 ist der Gesamtbetrag der Verpflichtungen, der nicht in der Bilanz erscheint unter sonstige finanzielle Verpflichtungen anzugeben. Eine Aufgliederung der Umsatzerlöse nach Tätigkeitsbereichen und geographisch bestimmten Märkten fordert Nr. 4. Das Ausmaß der Beeinflussung des Jahresergebnis durch die Inanspruchnahme der §§ 254 und 280 HGB und eine künftige Belastung aus steuerlichen Sondervergünstigungen ist nach Nr. 5 anzugeben. § 285 Nr. 6 fordert eine Aufgliederung der Ertragsteuer zu einen auf das gewöhnliche Geschäftsergebnis und zum anderen auf das außerordentliche Ergebnis. Nr. 7 verlangt die Angabe der durchschnittlichen Zahl der Arbeitnehmer. Bei der Anwendung des Umsatzkostenverfahrens ist nach Nr. 8 der

Materialaufwand und der Personalaufwand anzugeben. Die Gesamtbezüge von Mitgliedern der Geschäftsführung, des Aufsichtsrates oder ähnlichen Einrichtungen sind nach Nr. 9 anzugeben. Wurden Vorschüsse und Kredite an Organmitglieder gewährt, so ist dies ebenfalls nach Nr. 9 anzugeben. Im Hinblick auf die Geschäftsführung und des Aufsichtsrats sind nach Nr. 10 ebenso die Namen der Mitglieder anzugeben. Besteht eine mittelbare und unmittelbare Beteiligung zu mindestens 20%, so ist von dieser Gesellschaft Name und Sitz anzugeben. Werden unter den sonstigen Rückstellungen in der Bilanz Rückstellungen nicht gesondert ausgewiesen, so müssen diese einzeln im Anhang erläutert werden. Wird auf einen aktivierten Firmenwert eine planmäßige Abschreibung über die voraussichtliche Nutzungsdauer vorgenommen, so ist dies gemäß § 285 Nr. 13 HGB im Anhang zu begründen. Wird die Gesellschaft in einen Konzernabschluss einbezogen, so sind Name und Sitz des Mutterunternehmens anzugeben.

2.1.7.3 Wahlpflichtangaben

§ 284 Abs. 1 HGB spricht auch diejenigen Angaben an, die wahlweise im Anhang oder in Bilanz sowie Gewinn- und Verlustrechnung vorgenommen werden können. Diese wahlweisen Angaben wurden in der vorliegenden Untersuchung bereits in den Gliederungspunkten zur Bilanz und zur Gewinn- und Verlustrechnung erläutert und es wurde auf den Alternativausweis verwiesen.

2.1.8 Vorschriften zum handelsrechtlichen Lagebericht

2.1.8.1 Grundsätze der Berichterstattung

Die GmbH ist gemäß § 264 Abs. 1 HGB zur Aufstellung des Lageberichtes verpflichtet. Dieser steht seiner Konzeption nach neben dem Jahresabschluss, soll aber in dieser Untersuchung, wie zuvor bereits beschrieben, unter einem erweiterten Jahres-abschlussbegriff ebenfalls betrachtet werden.[40] Der Lagebericht soll nach § 289 HGB das durch Bilanz, Gewinn- und Verlustrechnung sowie Anhang gezeichnete Bild der tatsächlichen Verhältnisse durch einen zusammenfassenden Überblick über die Gesamtlage der Gesellschaft abrunden.[41]

---

[40] Vgl. Baetge, Jörg/Kirsch, Hans-Jürgen/Thiele, Stefan: Bilanzen 2007, S. 34.
[41] Vgl. Kuhn, Wolfgang: Lagebericht 1992, S. 9 – 10.

2.1.8.2 Inhalte der Berichterstattung

Die Mindestinhalte der Berichterstattung werden in § 289 Abs. 1 HGB benannt und umfassen die Darstellung des Geschäftsverlaufs, sowie der Lage und sollen im Einklang mit der Generalnorm des § 264 Abs. 2 HGB erfolgen.[42]

Dabei soll die Darstellung des Geschäftsverlaufs einen Überblick über die historische Entwicklung des vergangenen Wirtschaftsjahres geben.[43]

Die Darstellung der Lage der Gesellschaft beinhaltet die Vermögens-, Finanz- und Ertragslage, ergänzt um weitere Teillagen zur Vermittlung einer Gesamtlage und zwar in zukunftsorientierter Form mit Prognosecharakter.[44]

§ 289 Abs. 2 HGB enthält weitere Elemente der Berichterstattung, die als Soll-Vorschrift kodifiziert sind. Diese erweitern die Berichterstattung in sachlicher und zeitlicher Weise und sollen Vorgänge von besonderer Bedeutung, welche nach dem Schluss des Geschäftsjahres aufgetreten sind, aber auch unter Nr. 2 die voraussichtliche Entwicklung der Gesellschaft, unter Nr. 3 Forschung und Entwicklung und unter Nr. 4 bestehende Zweigniederlassungen erfassen. Obwohl § 289 Abs. 2 HGB nur eine Soll-Vorschrift darstellt besteht grundsätzlich eine Pflicht zur Berichterstattung, von der nur abgesehen werden kann, wenn dies für die Vermittlung der Gesamtlage nicht erforderlich ist.[45]

2.2 Empirische Untersuchungen

2.2.1 Methodik

Im Rahmen der empirischen Untersuchung wurden 40 Jahresabschlüsse untersucht.

Es handelt sich dabei, um die im elektronischen Bundesanzeiger veröffentlichten Jahresabschlüsse von 30 mittelgroßen und 10 großen Gesellschaften mit beschränkter Haftung im Sinne des § 267 Abs. 2 und Abs. 3 HGB. Die Jahresabschlüsse beziehen sich auf das Geschäftsjahr 2006 und die Gesellschaften haben alle, bis auf eine Ausnahme ihren Sitz im Landkreis München. Einen Überblick über die untersuchten Jahresabschlüsse gibt Anhang 1.

---

[42] Vgl. Selch, Barbara: Der Lagebericht 2003, S. 69.
[43] Vgl. Selch, Barbara: Der Lagebericht 2003, S. 70.
[44] Vgl. Selch, Barbara: Der Lagebericht 2003, S. 72.
[45] Vgl. Selch, Barbara: Der Lagebericht 2003, S. 74.

Die Einhaltung, der hier getroffenen Mittelstandsdefinition, war der erste Prüfungs-
schritt und verlief bei allen untersuchten Jahresabschüssen positiv. Der zweite
Prüfungsschritt beinhaltete die Untersuchung der Unterlagen anhand von selbst erstellt
Checklisten. Die Checklisten sind in fünf Teilgebiete unterteilt und enthalten, in
inhaltlicher und struktureller Anlehnung an die Abgrenzung der handelsrechtlichen
Grundlagen, die relevanten Vorschriften für Bilanz, Gewinn- und Verlustrechnung,
Anhang, Lagebericht und die allgemeinen Pflichten. Jede Abweichung von den
relevanten Vorschriften, die der hier getroffenen Fehlerdefinition entspricht, wurde
anhand der Checklisten[46] einem der fünf Teilgebiete zugeordnet, statistisch erfasst und
in einem Dokumentationsbogen[47] beschrieben.

2.2.2 Ergebnisse

Die oben beschriebene Untersuchung erbrachte, dass 90 % der 40 untersuchten
Jahresabschlüsse mindestens einen Fehler enthielten. Diese Feststellung verändert sich
auch nicht bei getrennter Betrachtung der mittelgroßen und großen Gesellschaften. So
enthalten 90 % der Jahresabschlüsse der mittelgroßen Gesellschaften einen Fehler, wie
auch 90 % der Jahresabschlüsse der großen Gesellschaften.[48]

Wie sich diese Fehler auf die einzelnen Jahresabschlussbestandteile bzw. auf die
allgemeinen Pflichten verteilen verdeutlicht Abbildung 10. Dabei werden die Jahresabschlüsse der mittelgroßen und großen Gesellschaften zum einen getrennt, und zum
anderen alle 40 Jahresabschlüsse zusammen betrachtet.

Festzuhalten ist, dass 77,5 % der untersuchten Jahresabschlüsse Fehler im Teilgebiet
allgemeinen Pflichten enthielten. Die Bilanzen waren hingegen nur zu 37,5 %, und die
Gewinn- und Verlustrechnungen nur zu 15 % fehlerhaft. Diese Ergebnisse unter-
scheiden sich für mittelgroße und große Gesellschaften nur geringfügig. Bei Anhang
und Lagebericht hingegen wurden bei den großen Gesellschaften keine Fehler
festgestellt. So dass, aufgrund der Fehler bei den Jahresabschlüssen der mittelgroßen
Gesellschaften, 20 % der insgesamt untersuchten Anhänge, und 10 % der Lageberichte
Fehler enthielten.

---

[46] Vgl. Anhang 3.
[47] Vgl. Anhang 2.
[48] Vgl. Anhang 4.

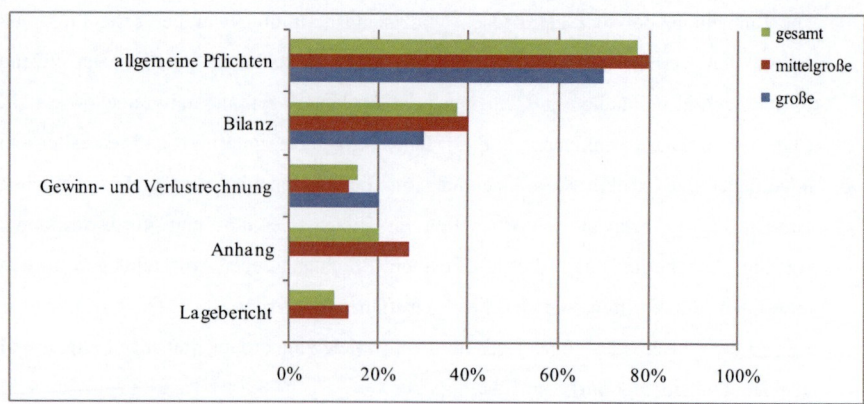

Abb. 10: Anteil fehlerhafter Jahresabschlüsse nach untersuchten Teilgebieten

Nun werden diese fünf Teilgebiete näher beleuchtet. Abbildung 11 zeigt, dass das Teilgebiet allgemeine Pflichten in drei Unterpunkte gegliedert wurde. Festgestellt wurde, dass keine Fehler bei den Aufstellungs- und Prüfungspflichten in den Jahresabschlüssen enthalten waren. Jedoch wurden bei 75 % der untersuchten Jahresabschlüsse Fehler im Unterpunkt Offenlegungspflichten festgestellt.

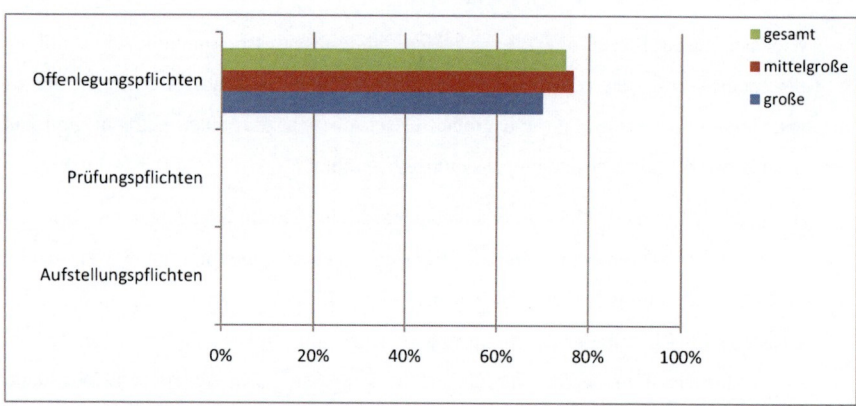

Abb. 11: Anteil fehlerhafter Jahresabschlüsse nach Unterpunkten des Teilgebietes allgemeine Pflichten

Als nächstes Teilgebiet wird die Bilanz genauer beleuchtet. Hier zeigt sich, wie aus Abbildung 12 ersichtlich, ein ähnliches Bild. Fehler wurden lediglich im Unterpunkt Ausweis festgestellt. In den Unterpunkten Ansatz und Bewertung konnten bei keinem der 40 untersuchten Jahresabschlüsse Fehler festgestellt werden. Im Unterpunkt Ausweis waren aber insgesamt 30 % der Bilanzen fehlerhaft.

32

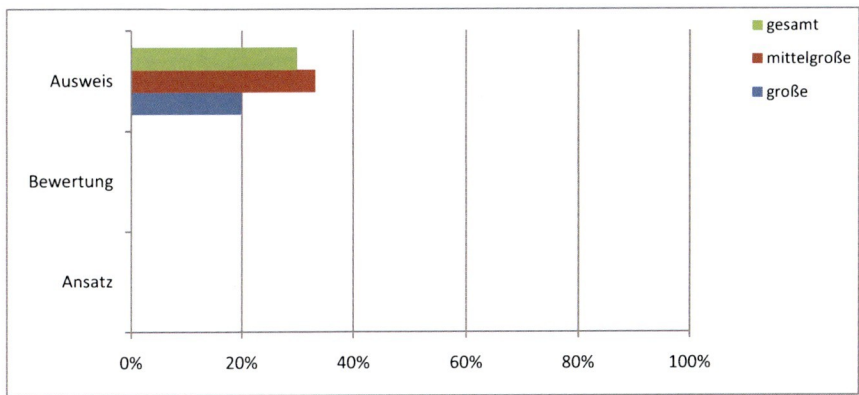

Abb. 12: Anteil fehlerhafter Jahresabschlüsse nach Unterpunkten des Teilgebietes Bilanz

Die Gewinn- und Verlustrechnung ist das nächste darzustellende Teilgebiet. Dieses wurde, wie die Bilanz, anhand von den drei Unterpunkten Ausweis, Bewertung und Ansatz untersucht. Wie Abbildung 13 verdeutlicht, wurden auch hier keine Fehler in den Unterpunkten Bewertung und Ansatz festgestellt. Aber 15 % der untersuchten Gewinn- und Verlustrechnungen wiesen Fehler bei dem Unterpunkt Ausweis auf.

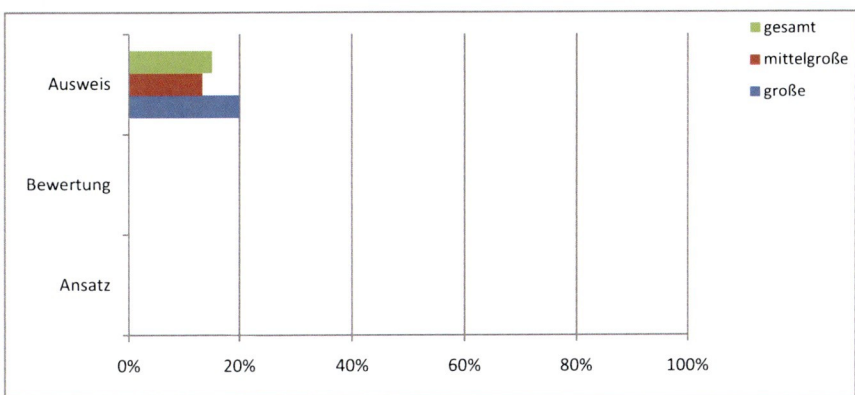

Abb. 13: Anteil fehlerhafter Jahresabschlüsse nach Unterpunkten des Teilgebietes Gewinn- und Verlustrechnung

Das Teilgebiet Anhang wurde anhand von zwei Unterpunkten untersucht. Dabei ergab sich, wie aus Abbildung 14 ersichtlich, dass die Anhänge der großen Gesellschaften, weder bei den Pflichtangaben, noch bei den Wahlpflichtangaben Fehler enthielten. Bei den mittelgroßen Gesellschaften hingegen, wurden im Unterpunkt Pflichtangaben, bei

33

13,3 % der Anhänge, und im Unterpunkt Wahlpflichtangaben, bei 20% Fehler festgestellt.

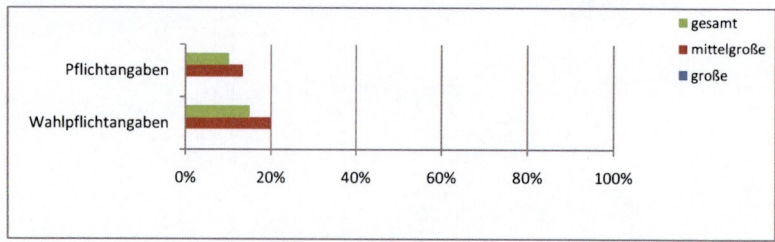

Abb. 14: Anteil fehlerhafter Jahresabschlüsse nach Unterpunkten des Teilgebietes Anhang

Als letztes Teilgebiet wird der Lagebericht in Abbildung 15 betrachtet. Auch hier wurden bei keinem der vier Unterpunkte Fehler bei Lageberichten großer Gesellschaften festgestellt. Lageberichte mittelgroßer Gesellschaften wiesen jedoch im Unterpunkt Darstellung der Lage, zu 10 %, und im Unterpunkt Risikobericht und Prognosebericht, zu 13,3 % Fehler auf.

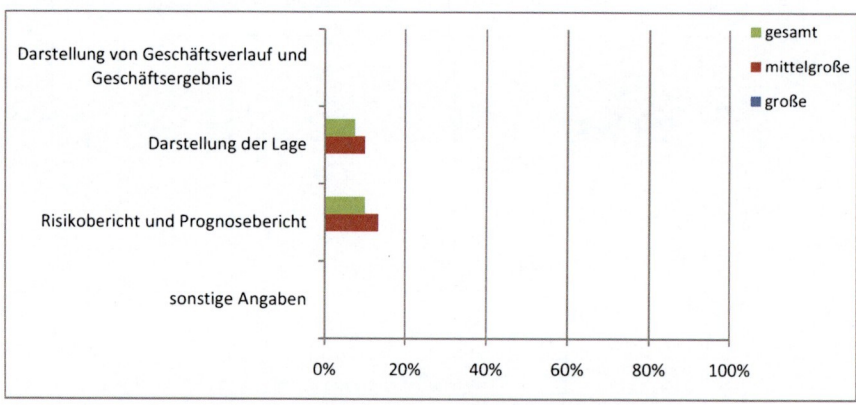

Abb. 15: Anteil fehlerhafter Jahresabschlüsse nach Unterpunkten des Teilgebietes Lagebericht

3. Fazit

Aus den Ergebnissen der empirischen Untersuchung lassen sich Antworten auf die in der Einleitung gestellten Fragen ableiten. Es konnten insofern Fehler festgestellt werden, dass 90 % der untersuchten Jahresabschlüsse mindestens einen Fehler enthielten. Diese Zahl relativiert sich jedoch dadurch, dass alleine im Unterpunkt Offenlegungspflichten 75 %[49] der Jahresabschlüsse Fehler aufwiesen, und die eigentlichen Jahresabschlussbestandteile Bilanz, Gewinn- und Verlustrechnung, Anhang und Lagebericht, weitaus weniger Fehler enthielten.

Die zweite zu beantwortende Frage lässt sich anhand der Generalnorm des § 264 Abs. 2 HGB beantworten. Es stellte sich die Frage, ob handelsrechtliche Jahresabschlüsse, den an sie gestellten Anforderungen entsprechen, also dass den tatsächlichen Verhältnissen entsprechende Bild der Vermögens-, Finanz- und Ertragslage aufzeigen.[50] Dies ist mit einer Einschränkung zu bejahen, denn in den für die Generalnorm entscheidenden Bereichen, Ansatz und Bewertung, konnten keine Fehler festgestellt werden.

Die Einschränkung ergibt sich aus der dünnen Datenbasis, auf der diese Untersuchung aufgebaut ist. Denn eine sichere Beurteilung hinsichtlich Ansatz und Bewertung ist nur auf Basis der gesamten Buchführung und weiterführender Unterlagen möglich, auf die nur die Unternehmen selbst oder Institutionen wie die Deutsche Prüfstelle für Rechnungslegung bzw. die Bundesanstalt für Finanzdienstleistungsaufsicht Zugriff haben.

---

[49] Vgl. Abbildung 11, S. 29.
[50] Vgl. § 264 Abs. 2 S.1 HGB.

ABBILDUNGSVERZEICHNIS

I

Rechtsgrundlagenverzeichnis

Europäische Kommission **(Empfehlung 2003/361/EG)**: Empfehlung der Kommission
vom 06.05.2003 betreffend die Definition der Kleinstunternehmen sowie der
kleinen und mittleren Unternehmen, 2003/361/EG, in: Amtsblatt der Europäische
Union (ABl. EG) L 124, 2003, S. 36 – 41.

Verzeichnis der Internetquellen

Deutsche Prüfstelle für Rechnungslegung (Hrsg.) **(Tätigkeitsbericht)**: Tätigkeitsbericht 2008, http://www.frep.info/docs/jahresberichte/2008_tb_prufstelle.pdf (07.06.2009).

Institut für Mittelstandsforschung (Hrsg.) **(Familienunternehmen)**: Definition Familienunternehmen im engeren Sinn, http://www.ifm-bonn.org/index.php?id=68 (02.06.2009).

Institut für Mittelstandsforschung (Hrsg.) **(KMU-Definition)**: KMU-Definition des IfM Bonn, http://www.ifm-bonn.org/index.php?id=89 (02.06.2009).

Statistisches Bundesamt (Hrsg.) **(Umsatzsteuer)**: Umsatzsteuer-Fachserie 14 Reihe 8-2007, https://www.ec.destatis.de/csp/shop/sfg/bpm.html.cms.cBroker.cls?cmspath=struktur,vollanzeige.csp&ID=1024001 (10.06.09).

ANHANG

Anhang 1 – Untersuchte Jahresabschlüsse

Nr.	Name	Größenklasse	mittelst.	Stichtag	Rechtsform	Sitz
1	A. Greitner Gebäudereinigung + Service GmbH	mittelgroß	ja	31.12.06	GmbH	München
2	Adobe Systems GmbH	mittelgroß	ja	25.11.06	GmbH	München
3	Allianz Pension Partners GmbH	mittelgroß	ja	31.12.06	GmbH	München
4	Andreas Mühlbauer Bau GmbH	mittelgroß	ja	31.12.06	GmbH	München
5	Arcus Elektrotechnik Alois Schiffmann GmbH	mittelgroß	ja	31.12.06	GmbH	München
6	Autohaus Feicht GmbH	mittelgroß	ja	31.12.06	GmbH	München
7	A-Z Formen- und Maschinenbau GmbH	mittelgroß	ja	31.12.06	GmbH	Landkreis München
8	BARTSCH INTERNATIONAL GmbH	mittelgroß	ja	31.12.06	GmbH	Landkreis München
9	Bayerische Futtersaatbau GmbH	mittelgroß	ja	31.12.06	GmbH	Landkreis München
10	Bayern Card-Services GmbH	mittelgroß	ja	31.12.06	GmbH	München
11	Bay-Gast Gaststätten-Betriebsgesellschaft mbH	mittelgroß	ja	31.12.06	GmbH	München
12	Bewachungsdienst Dipl.Kfm. Helmut Ehrl GmbH	mittelgroß	ja	31.12.06	GmbH	München
13	Burkhof Kaffee GmbH	mittelgroß	ja	31.12.06	GmbH	München
14	Cephalon GmbH	mittelgroß	ja	31.12.06	GmbH	Landkreis München
15	Deutsches Theater München Betriebs GmbH	mittelgroß	ja	31.12.06	GmbH	München
16	Dr. Sasse Gebäudedienste GmbH	mittelgroß	ja	31.12.06	GmbH	München
17	ENSECO GmbH	mittelgroß	ja	31.12.06	GmbH	München
18	F&K DELVOTEC Bondtechnik GmbH	mittelgroß	ja	31.12.06	GmbH	Landkreis München
19	Frauenklinik Dr. Geisenhofer GmbH	mittelgroß	ja	31.12.06	GmbH	München
20	G. Peschke Druckerei GmbH	mittelgroß	ja	31.12.06	GmbH	München
21	Gasteig München GmbH	mittelgroß	ja	31.12.06	GmbH	München
22	Görtz + Krass Optik GmbH	mittelgroß	ja	31.12.06	GmbH	München
23	Hennig GmbH	mittelgroß	ja	31.12.06	GmbH	Landkreis München
24	HTG High Tech Gerätebau GmbH	mittelgroß	ja	31.12.06	GmbH	Landkreis München
25	Institut für Rundfunktechnik GmbH	mittelgroß	ja	31.12.06	GmbH	München
26	Internationales Immobilien-Institut GmbH	mittelgroß	ja	31.12.06	GmbH	München
27	Lebenshilfe-Werkstatt GmbH	mittelgroß	ja	31.12.06	GmbH	München
28	LHI Leasing GmbH	mittelgroß	ja	31.12.06	GmbH	München
29	LSI Logic GmbH	mittelgroß	ja	31.12.06	GmbH	München
30	Mandarin Oriental Munich GmbH	mittelgroß	ja	31.12.06	GmbH	München
31	Blutspendedienst des Bayerischen Roten Kreuzes gGmbH	groß	ja	31.12.06	GmbH	München
32	Bosch Sicherheitssysteme GmbH	groß	ja	31.12.06	GmbH	Stuttgart
33	Bulgari (Deutschland) GmbH	groß	ja	31.12.06	GmbH	München
34	Collegium Augustinum gemeinnützige GmbH	groß	ja	31.12.06	GmbH	München
35	Daiichi Sankyo Europe GmbH	groß	ja	31.12.06	GmbH	München
36	Deloitte & Touche GmbH Wirtschaftsprüfungsgesellschaft	groß	ja	31.06.06	GmbH	München
37	DYWIDAG International GmbH, München	groß	ja	31.12.06	GmbH	München
38	ECOVIS BLB Steuerberatungsgesellschaft mbH	groß	ja	31.12.06	GmbH	München
39	ESG Elektroniksystem- und Logistik-GmbH	groß	ja	31.12.06	GmbH	München
40	European Bank for Fund Services (ebase) GmbH	groß	ja	31.12.06	GmbH	Landkreis München

Anhang 2 – Dokumentationsbogen

Fehlerdokumentation Jahresabschlüsse

Name:	Nummer:	Bilanzstichtag:
Größenklasse:	Rechtsform:	Sitz:

Referenz/Name	Beschreibung

Anhang 3 – Checklisten

allgemeine Pflichten

Kategorie/Stichwort	Rechtsgrundlage
1. Aufstellungspflichten	
1.1 Aufstellungsfrist	§ 264 I S. 2 HGB
1.2 Jahresabschlussumfang	§ 264 I S. 1, § 242 III HGB
1.3 Feststellungsfrist	§ 42a II GmbHG
2. Prüfungspflichten	
2.1 Prüfung der Buchführung	§ 317 I S.1 HGB
2.2 Jahresabschlussbestandteile	§ 316 I HGB
3. Offenlegungspflichten	
3.1. Jahresabschlussbestandteile	§ 325 I HGB, § 8b I Nr. 1 HGB
3.2 Veröffentlichungsform	
3.3 Veröffentlichungsfrist	§ 325 I S. 2 HGB
3.4 Datum der Feststellung	§ 328 I Nr. 1 S. 2 HGB
3.5 Bestätigungsvermerk	§ 325 I S. 2 HGB, § 328 I Nr. 1 S. 3 HGB
3.6 Bericht des Aufsichtsrats	§ 325 I S. 3 HGB
3.7 Vorschlag Ergebnisverwendung	§ 325 I S. 3 HGB
3.8 Beschluss Ergebnisverwendung	§ 325 I S. 3 HGB
3.9 Änderung JA Feststellungsbeschluss	§ 325 I S.6 HGB
3.10 Änderung des Bestätigungsvermerk	§ 325 I S.6 HGB
3.11 Änderung in der Gesellschafterliste	§ 40 I S.1 GmbHG

Bilanz

Kategorie/Stichwort	Rechtsgrundlage
1. Ansatz	
1.1 Vermögensgegenstände	
1.1.1 Vermögensgegenstände	§ 246 I S. 1 HGB
1.2. Zusätzliche Aktiva	
1.2.1 Immaterielle Anlagen	§ 248 II HGB
1.2.2 Unentgeltlich erworben	GoB
1.2.3 Geringwertige Vermögensgegenstände	GoB, § 6 II EStG
1.2.4 Aufwendung Ingangsetzung	§ 269 HGB
1.2.5 Aufwendungen für Gründung und Eigenkapitalbeschaffung	§ 248 I HGB
1.2.6 Derivativer Firmenwert	§ 274 II HGB
1.2.7 Aktive latente Steuern	§ 274 II HGB

X

GuV	

Kategorie/Stichwort	Rechtsgrundlage
1. Ansatz	
1.1. Umsatzerlöse	§ 277 I HGB
1.2 1 Erhöhung oder Verminderung des Bestands an fertigen und unfertigen Erzeugnissen (GKV)	§ 277 II HGB
1.2.2 Herstellkosten der zur Erzielung der Umsatzerlöse erbrachten Leistungen (UKV)	Beck Bil-Komm., 4. Aufl., § 275 Anm. 266
1.3.1 Andere aktivierte Eigenleistungen (GKV)	Beck Bil-Komm., 4. Aufl., § 275 Anm. 80
1.3.2 Bruttoergebnis vom Umsatz (UKV)	Beck Bil-Komm., 4. Aufl., § 275 Anm. 280
1.3.3 Vertriebskosten (UKV)	Beck Bil-Komm., 4. Aufl., § 275 Anm. 281
1.3.4 Allgemeine Verwaltungskosten (UKV)	Beck Bil-Komm., 4. Aufl., § 275 Anm. 290
1.4 Sonstige betriebliche Erträge (GKV,UKV)	Beck Bil-Komm., 4. Aufl., § 275 Anm. 91
1.5 Materialaufwand a) Aufwendungen für Roh-, Hilfs- und Betriebsstoffe und für bezogene Waren (GKV)	Beck Bil-Komm., 4. Aufl., § 275 Anm. 115
1.6 Materialaufwand b) Aufwendungen für bezogene Leistungen (GKV)	Beck Bil-Komm., 4. Aufl., § 275 Anm. 122
1.7. Personalaufwand a) Löhne und Gehälter (GKV)	Beck Bil-Komm., 4. Aufl., § 275 Anm. 126
1.8. Personalaufwand b) Soziale Abgaben und Aufwendungen für Altersvorsorge und für Unterstützung (GKV)	Beck Bil-Komm., 4. Aufl., § 275 Anm. 133
1.9 Abschreibungen a) immaterielle Vermögensgegenstände des AV und Sachanlagen, aktivierte Aufwendungen für Ingangsetzung (GKV)	Beck Bil-Komm., 4. Aufl., § 275 Anm. 141
1.10 Abschreibungen b) Vermögensgegenstände des Umlaufvermögens, soweit diese die in der Kapitalgesellschaft üblichen Abschreibungen überschreiten (GKV)	Beck Bil-Komm., 4. Aufl., § 275 Anm. 143
1.11 Sonstige betriebliche Aufwendungen (GKV,UKV)	Beck Bil-Komm., 4. Aufl., § 275 Anm. 155
1.12 Erträge aus Beteiligungen, davon aus verbundenen Unternehmen (GKV,UKV)	Beck Bil-Komm., 4. Aufl., § 275 Anm. 175
1.13 Erträge aus anderen Wertpapieren und Ausleihungen des Finanzanlagevermögens, davon aus verbundenen Unternehmen (GKV,UKV)	Beck Bil-Komm., 4. Aufl., § 275 Anm. 185
1.14 Sonstige Zinsen und ähnliche Erträge, davon aus verbundenen Unternehmen (GKV,UKV)	Beck Bil-Komm., 4. Aufl., § 275 Anm. 190
1.15 Abschreibungen auf Finanzanlagen und auf Wertpapiere des Umlaufvermögens (GKV,UKV)	Beck Bil-Komm., 4. Aufl., § 275 Anm. 200
1.16 Zinsen und ähnliche Aufwendungen, davon an verbundene Unternehmens (GKV,UKV)	Beck Bil-Komm., 4. Aufl., § 275 Anm. 204
1.17 Ergebnis der gewöhnlichen Geschäftstätigkeit (GKV,UKV)	Beck Bil-Komm., 4. Aufl., § 275 Anm. 212
1.18 Außerordentliche Erträge (GKV,UKV)	§ 277 IV HGB
1.19 Außerordentliche Aufwendungen (GKV,UKV)	§ 277 IV HGB
1.20 Außerordentliches Ergebnis (GKV,UKV)	Beck Bil-Komm., 4. Aufl., § 275 Anm. 230
1.21 Steuern vom Einkommen und vom Ertrag (GKV,UKV)	Beck Bil-Komm., 4. Aufl., § 275 Anm. 238
1.22 Sonstige Steuern (GKV,UKV)	Beck Bil-Komm., 4. Aufl., § 275 Anm. 248
1.23 Jahresüberschuss/Jahresfehlbetrag (GKV,UKV)	Beck Bil-Komm., 4. Aufl., § 275 Anm. 261
2. Gliederung	
1.1. Umsatzerlöse (GKV,UKV)	§ 275 II,III HGB
1.2 1 Erhöhung oder Verminderung des Bestands an fertigen und unfertigen Erzeugnissen (GKV)	§ 275 II HGB
1.2.2 Herstellkosten der zur Erzielung der Umsatzerlöse erbrachten Leistungen (UKV)	§ 275 III HGB
1.2.2.1 davon außerplanmäßige Abschreibungen auf das Anlagevermögen (UKV)	§ 277 III S. 1 HGB
1.2.2.2 davon Abschreibungen zur Antizipation künftiger Wertschwankungen nach § 253 III S. 3 HGB (UKV)	§ 277 III S. 1 HGB

1.3.1 Andere aktivierte Eigenleistungen (GKV)	§ 275 II HGB
1.3.2 Bruttoergebnis vom Umsatz (UKV)	§ 275 III HGB
1.3.3 Vertriebskosten (UKV)	§ 275 III HGB
1.3.3.1 davon außerplanmäßige Abschreibungen auf das Anlagevermögen (UKV)	§ 277 III S. 1 HGB
1.3.3.2 davon Abschreibungen zur Antizipation künftiger Wertschwankungen nach § 253 III S. 3 HGB (UKV)	§ 277 III S. 1 HGB
1.3.4 Allgemeine Verwaltungskosten (UKV)	§ 275 III HGB
1.3.4.1 davon außerplanmäßige Abschreibungen auf das Anlagevermögen (UKV)	§ 277 III S. 1 HGB
1.3.4.2 davon Abschreibungen zur Antizipation künftiger Wertschwankungen nach § 253 III S. 3 HGB (UKV)	§ 277 III S. 1 HGB
1.4 Sonstige betriebliche Erträge (GKV,UKV)	§ 275 II, III HGB
1.4.1 davon Erträge aus der Auflösung des Sonderpostens mit Rücklageanteil	§ 281 II S.2 HGB
1.5 Materialaufwand a) Aufwendungen für Roh-, Hilfs- und Betriebsstoffe und für bezogene Waren (GKV)	§ 275 II HGB
1.6 Materialaufwand b) Aufwendungen für bezogene Leistungen (GKV)	§ 275 II HGB
1.7. Personalaufwand a) Löhne und Gehälter (GKV)	§ 275 II HGB
1.8. Personalaufwand b) Soziale Abgaben und Aufwendungen für Altersvorsorge und für Unterstützung (GKV)	§ 275 II HGB
1.8.1 davon für Altersversorgung (GKV)	§ 275 II HGB
1.9 Abschreibungen a) immaterielle Vermögensgegenstände des AV und Sachanlagen, aktivierte Aufwendungen für Ingangsetzung (GKV)	§ 275 II HGB
1.9.1 davon außerplanmäßige (GKV)	§ 277 III S. 2 HGB
1.10 Abschreibungen b) Vermögensgegenstände des Umlaufvermögens, soweit diese die in der Kapitalgesellschaft üblichen Abschreibungen überschreiten (GKV)	§ 275 II HGB
1.10.1 davon zur Antizipation zukünftiger Wertschwankungen (§ 253 III S. 3 HGB) (GKV)	§ 277 III S. 1 HGB
1.11 Sonstige betriebliche Aufwendungen (GKV,UKV)	§ 275 II, III HGB
1.11.1 davon Einstellungen in den Sonderposten mit Rücklageanteil (GKV,UKV)	§ 281 II S. 2 HGB
1.11.2 davon außerplanmäßige Abschreibungen auf das Anlagevermögen (UKV)	§ 277 III S. 1 HGB
1.11.3 davon Abschreibungen zur Antizipation künftiger Wertschwankungen nach § 253 III S. 3 HGB (UKV)	§ 277 III S. 1 HGB
1.12 Erträge aus Beteiligungen, davon aus verbundenen Unternehmen (GKV,UKV)	§ 275 II, III HGB
1.13 Erträge aus anderen Wertpapieren und Ausleihungen des Finanzanlagevermögens, davon aus verbundenen Unternehmen (GKV,UKV)	§ 275 II, III HGB
1.14 Sonstige Zinsen und ähnliche Erträge, davon aus verbundenen Unternehmen (GKV,UKV)	§ 275 II, III HGB
1.15 Abschreibungen auf Finanzanlagen und auf Wertpapiere des Umlaufvermögens (GKV,UKV)	§ 275 II, III HGB
1.15.1 davon Abschreibungen auf Finanzanlagen nach § 253 II S. 3 HGB (GKV,UKV)	§ 277 III S. 1 HGB
1.15.2 davon zur Antizipation künftiger Wertschwankungen nach § 253 III S. 3 HGB bei Wertpapieren des Umlaufvermögens (GKV,UKV)	§ 277 III S. 1 HGB
1.16 Zinsen und ähnliche Aufwendungen, davon an verbundene Unternehmens (GKV,UKV)	§ 275 II, III HGB
1.17 Ergebnis der gewöhnlichen Geschäftstätigkeit (GKV,UKV)	§ 275 II, III HGB
1.18 Außerordentliche Erträge (GKV,UKV)	§ 275 II, III HGB
1.19 Außerordentliche Aufwendungen (GKV,UKV)	§ 275 II, III HGB
1.20 Außerordentliches Ergebnis (GKV,UKV)	§ 275 II, III HGB
1.21 Steuern vom Einkommen und vom Ertrag (GKV,UKV)	§ 275 II, III HGB
1.22 Sonstige Steuern (GKV,UKV)	§ 275 II, III HGB
1.23 Jahresüberschuss/Jahresfehlbetrag (GKV,UKV)	§ 275 II, III HGB
1.23 Veränderung der Kapital- und Gewinnrücklagen	§ 275 IV HGB
3. Bewertung	
3.1 Aktivseite	

2.2.8 Nach steuerlichen Vorschriften vorgenommene Abschreibungen	§ 281 II S. 1 HGB
2.3 Angaben zur Bilanz	
2.3.1 Mitzugehörigkeit zu anderen Bilanzposten	§ 265 III S. 1 HGB
2.3.2 Darstellung des Anlagegitters	§ 268 II S. 1 HGB
2.3.3 Angabe der Abschreibung des GJ	§ 268 II S. 3 HGB
2.3.4 Angabe der Ausleihungen an die Gesellschafter	§ 42 III GmbHG
2.3.5 Angabe der Forderung gegen die Gesellschafter	§ 42 III GmbHG
2.3.6 Angabe Disagio	§ 268 VI HGB
2.3.7 Angabe des gezeichneten Kapitals	Art. 42 III S. 3 EGHGB
2.3.8 Angabe der in die anderen Gewinnrücklagen eingestellten Beträge	§ 29 IV S. 2 GmbHG
2.3.9 Angabe Bilanzgewinn/ -verlust	§ 268 I S. 2 2. HS HGB
2.3.10 Vorschriften zur Bildung von Sonderposten, Wertberichtigung	§ 273 S. 2 2. HS, § 281 I S. 2 HGB
2.3.11 Angabe der Rückstellung für latente Steuern	§ 274 I S. 1 HGB
2.3.11 Erläuterung der sonstigen Rückstellungen	§ 285 Nr. 12 HGB
2.3.12 Angabe der Verbindlichkeiten gegenüber den Gesellschaftern	§ 42 III GmbHG
2.3.13 Angabe der Haftungsverhältnisse nach § 251 HGB	§ 268 VII 1. HS HGB
2.3.14 Verpflichtungen gegenüber verbundene Unternehmen	§ 268 VII 2. HS HGB
2.3.15 Zusätzliche gesonderte Angabe bestimmter Posten der Bilanz	§ 327 S.1 Nr. 1 HGB
2.4 Angaben zur GuV	
2.4.1 Angabe der Erträge aus der Auflösung eines Sonderposten	§ 281 II S. 2 HGB
2.4.2 Angabe des Betrags der außerplanmäßigen Abschreibungen	§ 277 III S. 1 HGB
2.4.3 Angabe des Betrags der Abschreibungen wegen Wertschwankungen	§ 277 III S. 1 HGB
2.4.4 Aufwendung aus der Einstellung in den Sonderposten	§ 281 II S. 2 HGB
2.5 Sonstige Angaben	

Lagebericht

Kategorie/Stichwort	Rechtsgrundlage
1. Darstellung von Geschäftsverlauf und des Geschäftsergebnis	
1.1 Entwicklung von Branche und Gesamtwirtschaft	§ 289 I S.1-3, III HGB, DRS 15 Tz. 36 ff.
1.2 Umsatz- und Auftragsentwicklung	§ 289 I S.1-3, III HGB
1.3 Geschäftsergebnis	§ 289 I S.1-3, III HGB, Art. 58 III S.1 EGHGB
1.4 Produktion	§ 289 I S.1-3, III HGB
1.5 Beschaffung	§ 289 I S.1-3, III HGB
1.6 Investition	§ 289 I S.1-3, III HGB
1.7 Finanzierungmaßnahmen bzw. -vorhaben	§ 289 I S.1-3, III HGB
1.8 Nichtfinanzielle Leistungsindikatoren	§ 289 I S.1-3, III HGB
1.9 Personal- und Sozialbereich	§ 289 I S.1-3, III HGB
1.10 Umweltschutz	§ 289 I S.1-3, III HGB

Anhang 4 – Ergebniszusammenfassung

			absolut	relativ
fehlerhaft gesamt				
	gesamt		36	90,0%
	mittelgroße		27	90,0%
	große		9	90,0%
fehlerfrei gesamt				
	gesamt		4	10,0%
	mittelgroße		3	10,0%
	große		1	10,0%

			absolut	relativ
Aufstellungspflichten				
	gesamt		0	0,0%
	mittelgroße		0	0,0%
	große		0	0,0%
Prüfungspflichten				
	gesamt		0	0,0%
	mittelgroße		0	0,0%
	große		0	0,0%
Offenlegungspflichten				
	gesamt		30	75,0%
	mittelgroße		23	76,7%
	große		7	70,0%

			absolut	relativ
Fehler bei allgemeinen Pflichten				
	gesamt		31	77,5%
	mittelgroße		24	80,0%
	große		7	70,0%
fehlerhafte Bilanz				
	gesamt		15	37,5%
	mittelgroße		12	40,0%
	große		3	30,0%
fehlerhafte GuV				
	gesamt		6	15,0%
	mittelgroße		4	13,3%
	große		2	20,0%
fehlerhafter Anhang				
	gesamt		8	20,0%
	mittelgroße		8	26,7%
	große		0	0,0%
fehlerhafter Lagebericht				

				absolut	relativ
	gesamt			4	10,0%
	mittelgroße			4	13,3%
	große			0	0,0%

				absolut	relativ
fehlerhafter Bilanzansatz					
	gesamt			0	0,0%
	mittelgroße			0	0,0%
	große			0	0,0%
fehlerhafte Bilanzgliederung					
	gesamt			12	30,0%
	mittelgroße			10	33,3%
	große			2	20,0%
fehlerhafte Bilanzbewertung					
	gesamt			0	0,0%
	mittelgroße			0	0,0%
	große			0	0,0%

				absolut	relativ
fehlerhafter GuV-Ansatz					
	gesamt			0	0,0%
	mittelgroße			0	0,0%
	große			0	0,0%
fehlerhafte GuV-Gliederung					
	gesamt			6	15,0%
	mittelgroße			4	13,3%
	große			2	20,0%
fehlerhafte GuV-Bewertung					
	gesamt			0	0,0%
	mittelgroße			0	0,0%
	große			0	0,0%

				absolut	relativ
fehlerhafte Pflichtangaben					
	gesamt			4	10,0%
	mittelgroße			4	13,3%
	große			0	0,0%
fehlerhafte Wahlpflichtangaben					
	gesamt			6	15,0%
	mittelgroße			6	20,0%
	große			0	0,0%

				absolut	relativ
fehlerhafte Darstellung von Geschäftsverlauf und des					

Geschäftsergebnis				
	gesamt		0	0,0%
	mittelgroße		0	0,0%
	große		0	0,0%
fehlerhafte Darstellung der Lage				
	gesamt		3	7,5%
	mittelgroße		3	10,0%
	große		0	0,0%
fehlerhafter Risikobericht und Prognosebericht				
	gesamt		4	10,0%
	mittelgroße		4	13,3%
	große		0	0,0%
fehlerhafte sonstige Angaben				
	gesamt		0	0,0%
	mittelgroße		0	0,0%
	große		0	0,0%

XX